稻盛和夫的实学

创造高收益

[日] 稻盛和夫 著
喻海翔 译

人民东方出版传媒
東方出版社

序言

“盛和塾”吸引了众多怀着诚挚之心想要学习企业经营的人士，他们来自各行各业，总人数超过了三千六百人。“盛和塾”的开办还要追溯到1980年，当时一些听了我演讲的年轻企业家，恳切地要求我向他们传授如何实现有效经营的方法。刚开始的时候，我以事务繁忙为由拒绝了，然而最终还是被他们的热情所感染，接受了他们的这个要求。

最初，我们只不过是大家抽空，以几个人在一起边喝酒边聊天的形式进行探讨，但是，闻讯从日本各地跑来想要参加的人络绎不绝。最后有人提议，不如以“塾”的组织形式来进行运营，就这样“盛和塾”在日本各地纷纷建立了起来。

在这个独自生存都不容易的世界里，企业的经营者，哪怕是中小企业、甚至街道作坊的经营者们都在为员工以及他们的家庭成员的生活提供着保障，因此我认为他们都非常伟大。“盛和塾”正是作为这些肩负重任的经营者们欢聚一堂、互诉烦恼、相互鼓励、共同学习的场所，而不断发展壮大到了今天。

作为“盛和塾”的塾长，怀着希望所有的学生都能够成长为优秀经营者的单纯心愿，我花费了许多时间投入到这项纯属志愿者性质的活动当中。“盛和塾”从成立之初到现在，已经历了二十多年的岁月。如今在日本各地的分塾已经达到了五十二家，并且还扩展到了美国、巴西，以及中国。

在“盛和塾”的课堂上，我在讲授作为企业经营基础的经营哲学的同时，也会进行被称作“经营问答”的具体经营指导。这种指导就是让学生坦率直接地陈述自己在实际经营活动中遇到的种种问题，然后我对此进行认真思考，并花费心血提出相应的建议。

考虑到这些问答内容或许对那些在企业的经营活动中遇到相同问题的人士多少都会有所帮助，我决定将其集结成册。这本书是以《创造高收益》为题，在每一章节中，我都会先陈述我的思想，之后登载一些我与学生之间关于该思想的相关问答。

借本书出版的机会，我要向在“盛和塾”的课堂上参与经营问答的所有学生，以及长年以来一直为“盛和塾”的活动提供支持的盛和塾事务局的福井诚顾问表示衷心的感谢！同时，也要向为本书的编纂工作付出了辛勤劳动的日本经济新闻社出版局编辑部长西林启二先生，以及协作我进行原稿整理的京瓷执行董事秘书室长大田嘉仁、秘书室经营研究部的木谷重幸表示谢意！

在泡沫经济破灭的后遗症终于得到痊愈、日本经济开始出现转机之际，我坚信，日本企业的经营者们只要能够抓住这个机会，在回归企业经营应有原点的同时，重新恢复对经营的自信和骄傲，日本经济就必然能够获得复苏。

我从心底祈愿，本书能够为参与企业经营活动的各位提供帮助，对日本企业的活性化产生助力。

稻盛和夫

2005 年 3 月

目录

从那时起，我抛弃了要“将稻盛和夫的技术昭示天下”的最初目的，而将京瓷的经营理念确定为“在追求所有员工获得身心两方面幸福的同时，为人类及社会的进步和发展作出贡献”。自这个经营理念得到明确的那一瞬间起，那些一直困扰在我心头的迷雾也一扫而清。我的心中激昂澎湃，决然一心：为了大众，任何辛劳也在所不辞。

我还是认为：“要想经营一项事业，如果无法实现最低10%的税前利润率，那就等于还没有进入经营管理的大门。而所谓的高收益，最少也是指15%～20%的利润率。”这就是我给高收益定的标准，并以这个标准来督促大家实现企业的高收益经营。

做生意的诀窍在于，找到能够得到客户认同、心甘情愿付钱购买的最高价格，然后以这个价格销售产品。因为

我当时就决定，要让企业也能够和家庭一样，经营者和员工之间不再是对立关系，而是像父子兄弟一般，相互帮助，相互鼓励，同甘共苦。在企业中，如果经营者与员工之间能够结成像家庭成员那样的关系，那么经营者就自然会尊重企业员工的立场和权利，企业员工也同样会像经营者那样，为了企业的利益而付出努力。我把这样一种劳资关系称作“大家庭主义”，并将其确立为我所进行的企业经营的基本理念。

一个人只有当同时具备了责任感和使命感时，才会充满激情地投身到自己所从事的事业之中。而所谓的高收益经营，同样也是只有在企业的全体员工都能够积极主动地参与企业经营活动、并为了共同的目标相互团结成一个牢固且斗志昂扬的集体时，才会有真正实现的可能。

企业的经营者必须在内心深处拥有“无论如何也要让自己的企业实现高收益”的意愿。如果企业老板自身不能拥有让企业实现高收益的强烈愿望，并依靠坚强的意志在实际企业经营活动中予以执行的话，那么无论企业具备什么样的知识和技术，依旧难以实现利润的增长。我所说的这种意愿并非是指一般的愿望，而是一种势在必得的“发自内心的强烈意愿”。

序章

探寻企业存在的意义

在长年参与京瓷和第二电电（KDDI，日本第二大通信公司。——译者注）的经营管理过程中，我深谙企业主管所秉持的经营管理理念和哲学，将会对整个企业的运营产生何种显著的影响。换言之，企业必须拥有能够得到广泛认同的高层次目标和崇高理念。

我之所以会意识到这一点，还要回溯到当年我开始创建京瓷（Kyocera）的岁月。1955 年，我毕业于鹿儿岛大学，那是一个非常难找工作的年头，尤其是对于像我这样一个毕业于二流大学的学生而言，找工作更是一件异常艰难的事情。承蒙大学恩师的介绍，我最终得以进入一家位于京都的生产绝缘件的企业——松风工业。虽然那只不过是一家濒临破产的企业，但是对于就业无门的我来说，这份工作无异于雪中送炭，依然令我欣喜若狂。

到松风工业之后，我被指派负责研发属于新兴研究领域的精密陶瓷，于是我立刻就废寝忘食地投入到了这项技术的开发工作之中。最终，在经历了一年之久的研发后，我率先在日本成功合成了运用于高频绝缘件的新型陶瓷材料。

幸运的是，我研发出来的这种陶瓷材料被松下电子工业（松下电器产业的子公司，已于2001年与母公司合并）选作电视机显像管的绝缘部件。当时又恰逢电视在日本社会影响度大幅上升、电视机迅速普及的时代，因此我当时整天都忙着产品的生产与交付工作，为我所在企业的业绩改善作出了巨大的贡献。

但是当我在松风工业任职到第三个年头时，围绕新产品的开发，我与新就任的上司，也就是技术部长之间产生了矛盾，最终我选择了辞职。当我正在为接下来该怎么办而烦恼时，曾担任我上司的青山政次先生劝我道："干脆利用你手中的技术自己开公司吧！"于是我就去向大学时代的朋友们求助，最终筹集到了用于创立新公司的三百万日元的资本金。

在这些出资人当中，西枝一江先生甚至还将自家房产拿去做抵押，为新公司贷到了一千万日元的运作资金。此外，七名我之前的公司同事也辞掉工作，追随我而来。就这样，在昭和三十四年（公元1959年），员工总数二十八人（其中二十名刚刚从初中毕业）的京瓷终于以作坊工厂的规模迈出了第一步。

● 明确企业的经营理念

因为我之前是由于与所在公司的上司之间出现意见不合，才决定辞职进而自己出来创业的，所以共同创业的伙伴们向我进言道：既然你现在已经能够随心所欲、按照自己的意愿来做研发了，不如把“将稻盛和夫的技术昭示天下”的信念作为新公司的创业理念吧！我自己也感到尽情挥洒自身实力的机会终于来了，所以壮志满怀、准备要奋发而起。再加上大家都希望能够早日偿还西枝先生用自家住宅做抵押为公司筹措到的资金，因此所有人都抱成一团，夜以继日地辛勤工作，最终使得新公司在成立的第一年就实现了盈利。

然而，正当我自以为公司已经开始逐渐步入正轨之时，竟然发生了一件令我始料不及的事情。在创业第二年，进入公司的十一名高中学历员工突然集体向公司发难，他们甚至提交了按着各人血手印的请愿书，要求公司为他们未来在公司的升职与奖酬作出承诺，如果公司拒绝他们的要求，那么他们就将集体辞职。对此我的回答是：“我们是一家刚成立的公司，大家每天都在全力以赴，为了公司的生存拼死辛劳，现在就让公司对诸位的未来作出任何承诺都只不过是空话。不管怎样，大家既然已经加入了这家公司，就让我们全心尽力把公司创造成为一个令你们所有人都满意的企业！”

然而，这套说词并不能让对方感到信服，我为此对他们进行了连续三天三夜的说服工作，最后我说道：“我希望你们能够相信我，跟随我。如果你们发现我有任何欺骗你们的地方，就算把我杀了我也心甘情愿。”这总算让众人接受了我的解释，继续留在了公司。

这场风波虽然最终平息了下来，但当时却让我感受到了巨大的重负。我自身虽然想把京瓷当作是“将稻盛和夫的技术昭示天下”的舞台，但是对那些新员工而言，公司只不过是一个让自身能够得以谋生的地方。

我的家族在二战的空袭当中流离失所，战后一直都过着贫困的生活。作为兄弟七人中的老二，家里人送我去读了大学，可是我却仍然没有本事帮助自己的亲兄弟。而现在，公司刚刚起步，我还得照顾好底下员工的生活。一想到这些，我心中的滋味莫可名状。

企业的目的到底是什么？我不得不对这个问题重新进行思索。在经过一段时间的迷惘和苦恼之后，我终于意识到，我经营企业的真正目的不是为了实现自己作为一个企业家的梦想，而是要照料好企业员工与他们家人的生活。

从那时起，我抛弃了要“将稻盛和夫的技术昭示天下”的初衷，而将京瓷的经营理念确定为“在追求所有员工获得身心两方面幸福的同时，为人类及社会的进步和发展作出贡献”。在这个经营理念得到明确的那一瞬间，那些一直困扰在我心头的迷雾也一扫而清。我的心中激昂澎湃，决然一心：为了大众，任何辛劳都在所不辞。

从那时开始，每当我看到懒惰懈怠的员工就会痛声斥责：“正是为了让包括你在内的全体员工都能够获得幸福，这家公司才得以存在的，所以我们每个人都必须努力工作！”正是由于明确了要为全体员工谋求幸福的这个大义名分，我才能够无所顾虑、堂堂正正地统率和管理手下的员工。在进行企业管理时，只要能够首先树立令所有人都真心向往、千难万险也在所不辞的大义名分，就必然能够将企业的所有员工紧密地团结到一起，共同努力。

要让一个人全身心地投入一项事业，“大道”必不可少。所谓“大道”，不是出自一己私利，而是为了普天之下的“公”利。京瓷在创业最初的时候，一无资金二无技术，但是由于从一开始就树立了明确的大义名分，也就是自身的经营理念，因此所有员工都能够齐心协力、共同奋斗。我认为，这才是京瓷能够发展壮大至今的最大要因。

● 全无私念的第二电电创业

始于1984年的“第二电电创业”，则让我的这种信念得到了进一步的巩固。当时适逢日本经济迎来以电信产业自由化为标志的重要转换期，在那之前我就深深地感到，与欧美相比，日本的长途通信费用过于昂贵，这不仅给日本国民造成了沉重的负担，同时也妨碍了日本经济的健全发展。

因此，恰好借此转机，我希望能有其他大企业挺身而出，将日本的通信费用降下来。然而现实却是，由于顾虑到这要与规模庞大的电电公社（现NTT，日本最大的电信服务公司。——译者注）正面为敌，也就意味着巨大的风险，因此当时没有任何一家企业愿意出头。对于这种状况感到不能容忍的我，忘记了自己只不过是一家京都企业负责人的立场（因日本绝大多数的大企业都将总部设立在东京或者大阪，作者此说是为了表明京瓷并非属于日本最大级别的公司。——译者注)，开始认真考虑参与电信事业。

但是，这无疑是一件繁杂、巨大的挑战，不是简简单单就可以办到。为了确定自己的意愿，我不断地审视自我：“我想要参与电信业的动机，到底是出于普天之下世人公益的纯粹心愿，还是包藏有任何私心杂念?”在前后半年的日子里，每天晚上睡觉之前，我都要这样不断地反问自己：“我的这个动机到底是为了公益还是出于私利？”最终，我确信，“我想这样做的动机完全是为了公益，毫无任何个人杂念”。于是，在我心中斗志激昂，作出了开创第二电电的抉择，我决定要为大众的利益接受这项挑战。

然而，本来最初谁也不想出头的这项挑战，待到京瓷着手开始准备应对后，国铁（前日本国有铁路的简称，于1987年被JR集团所取代。——译者注）属下的公司和日本道路公团与丰田属下的公司也随之浮出了水面，最终，第二电电以与两家公司互相角逐的形式踏出了第一步。在这三家公司当中，以京瓷为母体的第二电电既无电信业方面的经验，也无任何电信设施、通信技术方面的储备，因此一开始就被世人认为，与其他两家公司相比较，第二电电处于极其不利的弱势地位。

• 大义名分引领事业成功

然而，原本处于不利地位的第二电电却在电信产业的三家新公司当中一路领先，发展成为了现在的KDDI。第二电电之所以能够战胜种种不利条件，在电信产业新同行中一马当先，正在于第二电电的员工能够被“要为社会大众作贡献”的大义名分所激励，从而能够全身心地投入到工作中。

从创业之始起，我就不断向自己的员工们诉求到：“我们现在正踏在电信产业自由化这个百年一遇的历史转折点上，我们必须充分利用这个机会，为了社会大众的利益，尽一切可能降低长途电话费用，让我们只此一次的人生充满意义！”对我这个心愿产生共鸣的第二电电的员工们，意气风发、全力以赴地投入到了新事业的奋斗之中。

受到我们这种纯真心愿和态度的感染，第二电电的代理营销商们向我们伸出了援手，我们的顾客也向我们提供了热情的支持。就这样，那些满怀纯粹心愿的人们聚集到了第二电电的周围，成为坚强后盾，最终引导我们的事业走向了成功。

之后，第二电电与经营国际通信的 KDD（国际电信电话株式会社）、移动通信的 IDO（日本移动通信株式会社）合并，成立了新的公司，也就是现在的 KDDI。

第二电电的创业精神被 KDDI 所继承，继续成为今天不断跃进的原动力。当初被所有人都不看好的第二电电，在同期加入电信产业的电信业新同行当中一直稳居首位。从创业开始到现在，用了二十年的时间，终于成长为一家总销售额达三万亿日元（约 2264 亿人民币。——译者注）的企业。

从这个例子就可以明白，“在经营企业时，源自纯粹心愿的远大目标，以及大义名分必不可少”。

作为一家企业的最高负责人，必须在自我明确“企业到底为何存在”，也就是什么才是企业“大道”的同时，还须努力追求这种应有的姿态。一家企业的经营者是否能够树立企业应该秉持的大义名分，并认真地将其贯彻始终，决定了这家企业的最终成败。

在进行企业管理时，企业的经营者要首先确立更高层次的远大目标和大义名分，进而在向企业的全体员工说明这其中所蕴涵的目的和意义的同时，寻求他们的理解与协助，并且在具体实施过程当中，经营者需要身先士卒，发挥表率作用，通过所有这些努力为企业获取发展的原动力。

第一章

铸就高收益基盘

确立高收益体质

● 怎样的利润率才算是高收益

在新闻和书籍当中我们经常会看到诸如“这家企业拥有高收益”的说法。但是迄今为止，企业究竟应该拥有怎样的利润率这个问题却很少有人触及。对于企业而言，利润率当然是越高越好，然而高收益到底指的是什么样的利润率，却从来没有过明确的答案。

并且就如有的行业整体利润率都比较高，而有的行业的利润率普遍偏低一样，依据业种的不同，利润率也会存在着差异。比如，虽然游戏软件企业一般都被认为拥有高收益。对于这些企业来说，当游戏软件在市场上热销时，利润率自然居高不下，但是如果推出的游戏软件受到市场冷遇，利润率又会一落千丈。因此，游戏软件企业的利润率是否丰厚也就难以一概而论。这也就是说，不应该根据行业来判断企业利润率的高低。

京瓷创业第一年时，相对于销售额，税前利润率约为10%。当时，日本大型制造厂商的利润率大约为几百分点。考虑到在剧烈变动的企业经营环境中，企业比较难以实现稳定的经营，我开始思索：制造业的利润率应该维持在怎样的一个水平上才算比较合适。

为此，我首先着眼的是银行的利率。我那时和一家银行的分行行长关系不错，我和他之间曾经有过一段对话。

我向那位分行行长探询道："开银行可真是一件好买卖，看上去似乎轻轻松松就可以赚大钱似的。"

这要是一般人，大概会回答"没这回事儿"之类的，不过那位分行行长倒是个爽快人，他直接回道："说得没错，原来稻盛先生也是这么想的。"

"我确实是这么觉得的。"

"嗯，要不是因为存在着政府许可的问题，我都想出来自己干。"

那个时候的日本银行，简直就像是用鱼鹰捕鱼，把钱用绳子绑着，丢出去四处巡游，每年把绳子收回来一次，超过5%

的利息也就跟着回来了。银行什么都不用做，借出去的钱自己就会二十四小时不间歇地为银行赚取利息。而反观制造业，却必须对人员、原料、资金进行彻底动员，从早到晚挥汗如雨地辛勤劳作，才能够获取利润。

当然，银行也并非就万事大吉。如果发放的贷款无法收回，银行将因此蒙受损失，所以银行必须慎重地对借贷方进行审核。对于银行而言，当然还有其他各种各样的事情要做，但是相比而言，制造业拼尽全力却只能获取低于银行利率的利润率，单就这一点实在是令人难以接受。

对此我逐渐意识到，“如果我们运用各种相关知识与员工的技术才能，辛辛苦苦地制造产品，最终却只能获取相当于银行利率程度的利润率，那这实在是一件愚不可及的事情。我们至少应该实现高于银行利率一倍的利润率，也就是说创造10%以上的价值。”

在公平的市场竞争环境中，价格是由市场决定的。自由经济也就意味着众多同业者之间的严酷竞争，只要不属于垄断行业，企业就无法做到随意提价。因此，在以市场价格销售同样商品时，要想实现高收益，唯有进行彻底的成本控制。为了实现这个目标，就必须以高利润率为目标，不遗余力地为此奋斗。

这看起来或许有些过于简单，但我还是认为，“要想经营一项事业，如果无法实现最低10%的税前利润率，那就等于还没有进入经营管理的大门。而所谓的高收益，最少也是指15%～20%的利润率”，这就是我对于高收益所定的标准，并以这个标准来督促大家实现企业的高收益经营。

但是制造业以外的其他行业又该如何呢？以零售业为例，从进货开始到出售为止，商品的售价与进价之间的差额就转化为商家的利润。例如，像家电制品这样的面对一般消费者的商品，由于为了促销，需要进行广告宣传，还必须保持库存，因此我认为最少必须实现30%左右的利润率。在这个基础上，如果能够把包括人力成本在内的销售管理费用控制在20%以下，就自然会产生10%以上的利润率。

像这样，不管是任何业种、任何具体情况，只要在运营上下足工夫，全力以赴，就完全有可能将利润率提升到10%以上。

企业通过开拓进取而获得的利润，是所有辛勤参与的工作人员的智慧和劳动的结晶，因此即便利润率超过了20%也绝非不当所得。在现实中，不管是在欧美的优秀企业，还是在京都的高科技企业当中，实现了这种利润率的企业不在少数。在一个公平竞争的环境当中，高收益就像是企业经营者的勋章，而不应当成为指责的话柄。

• 经营的原则：销售额最大化，费用最小化

那么，企业的经营者为了实现这样的高收益，必须依循怎样的原则来进行企业的经营管理呢？我的做法是，通过全力贯彻“销售额最大化，费用最小化”这条异常简单的原则来实现企业的高收益运营。

在京瓷刚刚创建之初，我没有任何企业管理方面的经验和知识，对于管理可以说是一无所知。为此，我总是向公司的财务主管请教各种实际的财务问题。

每到月底时，我就抓住他询问“这个月的收支状况如何”，他的回答充满了各种专门术语，作为技术人员出身的我并不能够完全听懂。于是我干脆化繁为简，自己总结为，“如果销售额减去费用剩下的就是利润的话，那么只要能够实现销售额最大化，费用最小化，作为结果，利润自然就会随之增加”。从那时起，“销售额最大化，费用最小化”就成为了我的经营原则。而这项原则的具体实践，最终引导京瓷成功实现了高收益。

作为企业经营的一项常识，销售额的增加意味着企业的运营费用也会随之增加。但是，为了实现企业的高收益，就必须颠覆这种常识，尤其是要在销售额最大化、费用最小化上下足工夫，彻底推行。

举例来说，某家街道工厂现在的销售额是一百万日元，为此配备了相应的人员和设备。但是当订单增加到一百五十万日元时，一般来说，这就需要随之增加百分之五十的人员和设备，以便实现一百五十万日元的生产额度。然而，这种加减法式的企业经营方式却无助于收益的提高。

事实上，即便订单增加五成，通过提升生产效率的方式，就能够将人员或者设备的增长幅度抑制在两到三成。并且，在发生销售额大幅下滑的状况时，通过大刀阔斧地削减经费，同样能够将利润的减少控制在最低水平。总之，依照这些方法，企业完全能够实现和维持高收益。

并且，为了实现销售额的最大化，定价是至关重要的一环。产品价格设定过高，势必造成库存的积压；产品价格设定过低，虽然会有利于产品的销量，但是企业却无法因此获益，不管如何削减成本，也无法实现合理的收支核算。经营的诀窍在于，找到能够得到客户认同、心甘情愿付钱购买的最高价格，然后以这个价格销售产品。因为定价是攸关一家企业生死存亡的重要决策，所以我认为最终应该由企业的经营者来进行判断，我把这称之为“定价就等于经营”。

在进行价格设定时，对于具有划时代意义的新产品，由于不存在同行间的竞争，因此可以按照自己的意愿来决定价格。也就是说，在这种情况下，没有必要再像普通企业那样，按照成本加上标准利润的方式来设定产品价格。在进行定价时，企业经营者有必要在谨慎的基础上充分开动脑筋。

企业经营者在设定产品价格的过程当中，进行判断的基准就是新产品对于顾客的价值。换句话说，只要顾客对产品价格所代表的价值完全认同，那么不管成本如何，这种产品也必然能够以所定价格销售出去。京瓷正是通过知识性的创造活动，研发出具有独创性的高附加值产品，再以对应这些产品价值的价格投放市场，从而实现了企业的高收益。

【经营问答一】

为了做大，加大公司的投资是否正确

● 问题

我们家从曾祖父时就开始经营印刷业，我们公司目前开展的业务当中，企业介绍手册、广告宣传单类的商业印刷品占50%，发票等办公用印刷品占25%。在我们公司所在地区，一共有七家竞争对手，本公司占据了50%的市场份额。年销售额约为四亿日元，由于当前的低价格化趋势，我们公司在成本核算上面临着沉重的压力。公司资本金一千万日元，正式雇员与临时工总共四十人。

在目前印刷业整体陷于严峻状况的形势下，我们如何才能够显示出独树一帜的优势？并且请稻盛老师就本公司所应选择的目标提供宝贵的建议。

首先，我先就本公司具有优势的地方做一些说明。第一是在营销方面，我们公司给所有员工都彻底贯彻了“争分夺秒”的理念。第二，本公司自昭和四十七年（公元1972年。——译者注）就开始发行求职广告刊物。得益于自己的广告媒体，我们在确保订单量的同时，成功实现了公司知名度的提升。目前，我们公司这份刊物的周发行量达到了十三万份。第三，我们可以利用电脑快速、廉价地印制企业介绍手册，具备了依靠便捷下单模式进行印制的技术。

至于我们公司的弱势，虽然我们的策略是要在立足本地的基础上，瞄准大城市市场，但是却发现在抢占相邻城市市场的过程中困难重重。由于我们公司在大城市中知名度比较低，而我们在城市中的同行们大都引进了最先进的机器设备，在设计、策划等方面也都是出类拔萃，因此本公司的市场份额无法像我们期待的那样获得增长。

我希望能够使本公司成为九州（日本列岛最主要的四岛之一，位于日本列岛的南端。——译者注）首屈一指的印刷企业，成为一个让优秀的年轻员工能够意气风发地投入到工作当中的企业，并且同时还要为孕育本公司的故土作出自身的贡献。为了实现这些愿望，我深感在当前这种严峻的环境中，我们必须强化自身独特的优势，努力拉大与其他竞争对手之间的距离。如果无法做到这点，想必我们公司今后将难以幸存。

为此，我们将本公司所应追求的目标归纳为以下六点。

第一，维持并扩大本地的市场份额；

第二，在相邻城市中实现本公司广告媒体的扩张；

第三，彻底贯彻“争分夺秒”的理念；

第四，强化策划提案能力；

第五，强化生产效率；

第六，修建能够成为本地区乡土文化展示据点的公司新总部大楼。

为了在竞争中获胜，我认为策划提案能力需要以企业生产实力作为保障。因为只有首先具备了坚实的保障，策划提案能力才有可能得以强化。因此，印刷机器的更新就变得不可避免。我们公司的设备都有十年以上的历史，效率低下，无法应付当前的成本竞争。经过测算之后，我们公司的设备投资总额预计需要一亿三千万日元。

与此同时，关于要让我们公司成为展示本地区乡土文化据点的方针，具体计划就是修建新的公司总部大楼。将已经变得局促的工厂转移进去，同时提供公司总部新大楼的第三层作为市民大学的事务局，以及本地老年人开设自传讲座等活动的场所。我们希望能够通过这样的方式将孕育了本公司的地域文化向外部世界进行展示。

公司总部大楼的建设资金需要两亿八千万日元。再加上公司目前的借贷、机器设备的更新，总共约为五亿日元。因此我们的计划是，首先进行机器设备的更新。花费五年的时间，在将现有借贷还清之后，再着手开始公司总部新楼的建设。总之，按照这种阶段性的方式来实现我们的目标。

我们制定的这些目标也许显得有些过于贪大求全，不知是否可行，并且我打算在本公司擅长的领域扩大投资的想法是否正确？即便因此而背负沉重的负担是否也应在所不惜？恳请稻盛老师就本公司已经选择的目标的恰当性提供能够作为指针的建议。

●解答　要想实现利润收益的提升，首先需要进行基盘的构筑

◆确立高收益体质是前提条件

在这个问题中，这位先生想要进一步拓展由曾祖父创立的家族印刷企业，并举出了他的家族企业的六个目标。

第一个目标是要维持并进一步扩大其所在地的市场份额，这个想法很好。在同一地区已经存在着七家竞争对手的情况下，这家公司依然能够保持 50% 的市场份额，并且要努力继续扩大市场占有度，这种态度尤其值得称道。

第二个目标则是认识到要想在临近城市打开市场，就需要进一步加强设计和策划能力，因此要进一步加强自身内功的修炼，从而拓展企业在临近城市的市场份额。我认为这一点也非常不错。

然后是第三个目标，要将“争分夺秒”的理念作为工作指南。这就确保了当顾客上门来询问版面设计等事宜时，能够迅速予以回应，从而获得顾客的好评。因此要将这种理念确立为企业文化的做法完全是毋庸置疑的。

第四个目标，“强化策划提案能力”，也如前所述没有任何问题。

不过，要想提高企业的策划能力，就必须以能够与之匹配的企业生产实力为基础，因此进一步的设备投资也就在所难免。考虑到这一点，就需要对现在所使用的比较老旧的印刷机器进行更新。但我认为，这第五个目标必须加以注意。

这笔新设备投资总额据称是一亿三千万日元。如果印刷机器的折旧期为十年的话，平均一年的折旧费就是一千三百万日元。这家公司的年度销售额是四亿日元，假设一般利润率为5%，那么年度利润就大约有两千万日元左右，因此即便每年的折旧费增加一千三百万日元，仍然会有七百万日元的收益。

但是，如果这些设备的折旧期只有五年的话，每年的折旧费就会增加到两千六百万日元，如果一般利润率依旧保持5%不变，那么公司财政就会出现赤字。

如果你们公司为了提高企业竞争力，无论如何都必须购入价值一亿三千万日元的设备，那么如何将设备折旧期延长到十年，同时每年最少保证实现占销售额5%的利润率，就成了你们公司至关紧要的命题。只要能够实现这两点，你们就无须担心出现亏损，肯定能够正常地维持企业运营。

◆有助于确保充分利润的定价方式

虽然我说的也并不一定正确，但还是感觉你们公司在成本核算方面没有下足工夫。你们公司现在占有较高的市场份额，工作效率也比较高。因此理论上完全能够向市场提供具有竞争力的价格以获取顾客的青睐。但是，我说的这一点并非就是指单纯的薄利多销。

我在盛和塾的课堂上一直宣讲“企业经营就在于定价”，这一点至关重要。在进行价格设定时，定价过高会抑制产品销售，定价过低又会导致利润不足。因此，必须设定能够让顾客舒心接纳的最高价格。这个所谓的最高价格并非是指企业经营者自身感到满足的高昂价位，而是指无限接近顾客心甘情愿支付的最高价格，定价一旦超过这个极限价位，就会导致客户的流失。

在确定这样一个价位时，假如企业能够不断实验性地向上调整价格，直到找到将会导致客户流失的极限价位为止，当然是最理想不过。然而一旦失去的顾客就不会再回来，因此这种做法其实并不实际。所以定价是需要慎之又慎地予以对待的最重要的经营要素。作为企业经营者，你必须要在这个问题上倾注心血。

因此在进行产品定价时，就只能将注意力集中于一点。在针对周边同行的定价进行详细调查的基础上，设身处地地从顾客的角度出发，寻找能够让顾客感到满意的最高价格。在进行定价时，些许的差异就有可能导致3% ~4%正常利润的波动。

从你的介绍中我们得知，今后的印刷品，不管是公司介绍手册，还是广告宣传单，利用便捷的电子排版技术就都能够有效地降低成本。但是重要的一点是，你们不能因此就简单地压低价格，而应该与营销部门进行详细探讨，将价格调整到最适当的位置。

如果你们判断，为了在与同行的竞争中立于不败之地，无论如何都必须引进价值一亿三千万日元的设备的话，那么你们就必须首先明确，“伴随着最先进设备的引进，你们公司每年必然会出现一千三百万日元的损耗折旧。由于设备投资必须得到冲抵，所以你们公司最少也要确保5%左右的销售额，也就是相当于两千万日元的正常利润。在进行定价时，也就应该以此为基准，保证在销售额减去成本后依然能够确保5%的最低利润率”。

对于企业经营而言，进行绵密细致的利润与成本核算管理，是头等大事。只要能够认真执行严格的核算管理，你们公司预期进行的在印刷机器方面的设备投资便不会存在任何问题。

◆公司总部简陋破旧与否并不重要

最后是关于你提出的第六个目标：公司总部新楼的建设。你介绍说要在五年后建设新的公司总部大楼，并要让公司成为传播本地区乡土文化的据点。我认为你们最好打消这个念头。你们公司还尚未在本行业中达到稳如磐石的地位，所以这种事情做也无益。新总部大楼需要花费两亿八千万日元，加上之前的借贷、机器设备的更新，将造成超过你们年度总销售额的高达五亿日元的负债，这会让公司不堪重负。公司总部这种东西，即便简陋破旧些也不足为虑。外表如何并不重要，只要里面的印刷设备精良先进，对于企业而言就已经完全足够了。

京瓷是在成立三十九年、总销售额超过七千亿日元之后才修建了比较正式的总部大楼。在此之前，考虑到我们是制造企业，我们只会在工厂建设方面投入资金，从来不在公司总部大楼上花费任何财力。我建议你们公司在目前的这种情况下，应该停止建设新总部大楼的计划。

【经营问答二】

企业经营者的优先课题是什么

- 问题

我们公司的主要业务是大楼物管。销售额将近五亿日元。公司业务范围的八到九成是物管相关内容，剩下的一到两成则主要是电脑系统的开发。我们公司在盈亏核算方面一直在3%利润率的低水准上徘徊不定。

我们公司之所以利润率如此之低，我认为主要原因大概是本公司的员工只会按照我的指示亦步亦趋的行事。简单地说就是，造成现在这种状况的根源在于，我们公司的体制使得员工在工作当中缺乏主动意识。

为了改变这种局面，促使公司所有员工都能够积极主动地投入工作，我的做法是把公司按照保洁、设备安装、电脑系统开发、设备管理等内容分为四个部门。每年年初时，我要求各个部门制定各自的年度计划，然后在年底时对创造利润超出年度计划的部门，依照实际业绩增发奖金；反之，对于没有实现年度计划的部门则扣除相应份额的奖金。

虽然我试图尽自身的力量激发公司内部的活力，但实际现状却证明，我们公司计划实施的各项政策缺少统筹规划。一会儿想要强化营销实力，一会儿想要埋头于与大楼改建相关的设备指导的业务，一会儿又想要制定能够客观考核员工自身目标的标准。总之，脑袋里塞满了想要立刻付诸实施的各种计划。结果却是，每个计划都无法善始善终地得到顺利实施。我自己脑袋里也是一片混乱，对于这些计划的优先顺序失去了判断能力。

我们公司的利润率只能保证在3%的岌岌可危的水平，我自己也搞不清楚造成这种困境的根源究竟是在于我自身作为经营者的心态不正确呢，还是在于具体管理手法的欠缺？当被手下的员工如此质问时，我也是无言以对，完全失去了自信。

虽然我并没有打算就此放弃，但是坦率地说，这家公司是父辈传给我的，并非是我自己想要做的事业。因此，就算被父亲要求要为了公司努力奋斗，可自己内心还是多少缺乏底气。

以上就是我现在面临的自身无法解决的难题，恳请稻盛老师就其中各种问题的优先顺序予以赐教。

● 解答　深入基层，设身处地地了解实际状况

◆ 细分核算单位

你的意思是，“现在所经营的大楼物管公司是从父辈那里

继承下来的，并非是你自己想要做的事情。但是在经营现在这家公司的过程当中，在不断遭遇到各种挫折和困难的同时，你又分不清各项需要实施的计划的轻重缓急，所以感到非常苦恼”。

虽然我不是你们这行的专家，但是我认为高层建筑维护是一个非常具有魅力的行业。这是一项包含了从大楼保洁到空调、动力系统等各相关机械全方位维护的行业。因此只要能够确保拥有相关知识技能的员工，即便竞争激烈，只要通过各种创新，你们也总是能够找到拓展这项事业的办法。我感觉这个行当还是比较充满前景的。虽然你从父亲那里接手的是一家具有魅力的公司，但是你的说法却让我对它很不看好。

为什么你无法经营好现在的公司？关键在于你自身无法正确地理解大楼物管这个行当。由于你只不过是被动地从父亲那里接手了现在的这家公司，你完全是以一种漠然的态度从事管理，才导致了你公司现在的这种困境。

我认为，首先你必须正确地把握公司现状。例如，虽然你按照业务的不同，大致在公司内部划分了保洁部门、设备管理部门等等，但是这种划分方式却过于笼统，不足以针对每栋大楼进行具体的利润成本核算管理。假如我要打算开设一家大楼物管公司的话，必然会细分核算单位，尽可能详细地掌握企业的实际经营状况。

举例来说，在进行大楼的设备管理时，需要在大楼地下部分设置有监视空调和锅炉等设备运转状况的控制中心，这就可以被划作一个单独的核算单位。与此同时，同一栋大楼的夜间保洁部门也可以被看作是一个核算单位。通过这样的方式，将每一栋大楼的业务进行细分后再管理，就能够具体明确某一栋大楼的某个部门究竟是处于盈利还是亏损的状态，从而有利于发现为了提高利润核算所应实行的各种改进措施。简言之，通过实行各栋大楼不同部门间的独立核算管理方式，就能够有效地增强各部门利润成本核算的改善工作。

通过核算管理方式的改进，如果各个部门能够因此增加利润，那么就可以将同样的核算管理方式推广至公司所管辖的所有大楼。如此一来，不管是你们公司的销售额，还是利润都会不断增长，你对公司的经营也会变得更感兴趣起来。

◆奖金和工资不能与绩效直接挂钩

接下来是薪金制度的问题。京瓷没有实行你刚才所说的，将各个部门的绩效与奖金挂钩、实行联动的办法。我在盛和塾的课堂上也经常讲到，这种方法不足为取。

究其原因在于，从人性角度来看，虽然当业绩上升、奖金也随之增加时，大家都会欢天喜地，但是一旦业绩下滑、奖金减少时，众人又必然会变得灰心丧气。

这种完全依照部门绩效决定员工奖金数额的做法有些过于冷酷，它会让那些所属部门业绩低于预期的员工丧失斗志。与此同时，那些因为部门业绩一时超出而获得超额奖金的员工，一旦在下一次由于部门的创利无法达到计划要求、奖金不再增加时，他们的工作积极性也照样有可能受到打击。

所以在京瓷，对创造了优秀业绩的部门，我们不是以奖金来作为奖赏，而是对于他们所取得的成绩予以公开表彰，告诉他们，“正是由于你们部门的努力，不仅提升了本部门的利润，同时还促进了公司整体利润的上升，使得公司全体员工的奖金额能够得到增加”，通过这样的方式，让他们获得精神上的荣誉。

此外，你作为富二代，在摸索有效进行公司管理的过程当中，认为应该向那些为公司成长付出努力的员工发放与他们所取得的业绩相匹配的报偿。为此，你一会儿想要制定能够客观考核员工自身目标的标准，一会儿又想要拓展与大楼改建相关的设备指导的业务。总之，各种想法不断在你脑海中涌现，然而问题在于，你所有的这些想法都没有抓住问题的关键。

◆坚守核心业务，贯彻从一而终

所以，你现在完全没有必要去考虑什么新的想法，而应该将重心完全投入到大楼的维护和保洁业务上。要在这些业务上下足工夫。例如保洁业务，在技术上如果能够达到“本公司的保洁业务完全可以让客户感到放心和安心，不管是地板还是瓷砖，都能够让它们干净铿亮”的标准，再加上热忱的服务。这样一来，一定能够获得客户的信赖，订单自然就会蜂拥而至。

然而为了做到这一点，首先你必须充分了解自己所从事的业务。不一定要执著于复杂的挑战，单纯的工作就已足够，在明确目标后，就全力以赴。所以你就该先亲自了解实际运作的各个层面。比如下到基层去参与保洁工作，从而切实体验使用怎样的设备和工具，采用怎样的方式才有助于工作的进行和工作效率的提升等等。

我认为你的问题在于，迄今为止，你主要从事的都是企业管理方面的工作，对于基层的具体运作一无所知。你的脑袋里想的都是些如何改善经营效率，如何进行员工考核、推动企业规则制定之类的东西。然而，所谓的企业经营并非是这些看上去很酷的事情，实际上企业经营更加平凡。

只需要花上几个月的时间，请你一定要深入基层去进行调查研究。在不明基层实际的情况下，即便你发号施令，要手下员工去做这做那，也没人会真的搭理你。只有在你把握了自己工作的要点、完全了解了从工作业务内容到成本的所有方面之后，这才算具备了实现核心领导力的基础。

你要在基于实际调查的前提下，制定相应的对策，如果能够因此而让利润率上升到10%的水准，那么你的员工自然会士气高昂，你也会对自己的工作产生更大的兴趣。随着公司利润的增加，你在市场营销方面也会随之变得更加积极。每当有新大楼竣工时，你们就可以上门自荐，“请把贵大厦的保洁工作委托给我们公司，我们公司在这方面首屈一指。请去听一下我们公司现有客户的意见反馈，他们会告诉您，没有哪家公司能够像鄙公司一样把保洁工作做到至善至美”，从而获得新的订单。

在经营企业时，不能光说不做，而是要切实获得客户的认可，创造必要的利润。我总是宣扬企业最低也要确保10%的利润率，但是依然还是有人会认为，自己企业要实现10%的利润率无异于天方夜谭。然而事实上，他们是因为不愿这么去想才做不到的。如果心中能够保持强烈愿望，这个目标是应该能够实现的。当一家企业无法有效获利时，不管是企业员工，还是经营者都必然会因此而意志消沉。

那些无法让现有企业实现10%利润率的经营者，就算是在任何其他企业，也同样无法实现这个目标。之所以会这样，是因为这类经营者心中早已先入为主地认为“10%的利润率是一个不可实现的任务”，这种念头成为他们的心理束缚，最终导致其所经营的企业难以实现10%的利润率。而经营者心中一旦坚信“10%的利润率一定能够实现”，则必然会积极运筹，努力探索有利于创造利润的方法。并且随着企业利润和规模的增加，之后只需在企业运营方面进行相应的调整即可。

你似乎是因为觉得大楼物管业不是什么好听的行当，为了让自己公司显得更加有派头，才会兼营电脑系统开发方面的业务。但是生意场上无贵贱，大楼物管业是通过获得客户的认同而获利的，因此同样也是非常有意义的工作。

当我们能够对自身所从事的工作充满自豪感时，这项工作对于我们而言就有如天职一般。只要具备了这种认识，我相信你就一定能够以更强的意愿深入基层，与员工一道积极进取，创造出一家杰出的企业。

【经营问答三】

如何不依赖母公司，拓展自主独立的道路

● 问题

本公司的业务内容主要包括：（1）包装材料、物流设备的销售；（2）上门送货业务；（3）仓库内作业；（4）制版业务。本公司员工总数十二人，资本金一千万日元，利润率目前还比较低。

本公司成立的初衷是为制造纸板箱的母公司解决高龄员工问题，同时在母公司的战略意图中，也谋算要通过这家子公司，拓展独自的物流系统销售业务，并同时实现制版业务的内部消化。在母公司负责设备技术的我被任命为副总经理进入了现在这家子公司，两个月后，又被晋升为总经理。

我先就现在公司所从事的具体业务内容进行简单的说明：（1）包装材料、物流设备的销售主要是对母公司生产的纸板箱所附属的胶带纸、打包带以及用于纸板箱组合的物流设备的销售；（2）上门送货业务是负责将母公司生产的纸板箱配送到客户手中；（3）仓库内作业是指对纸板箱仓库的管理工作；

(4) 制版业务则是指为了纸板箱上的图案印刷而进行的制版工作。

虽然本公司的各项业务主要都是为母公司提供支援，但是在母公司之外，我们也不定期地直接向其他客户提供包装设计、图样方面的设计服务，并直接向外界销售与包装相关联的物流系统设备。因此我们希望能够尽早制定有助于本公司拓展各项业务的相关策略。

然而，在实际运营中，应该怎样决定各项步骤的优先顺序，如何才能够成为一名与手下员工共享梦想的企业总经理。对于这些问题我现在依然缺乏自信。此外，还希望稻盛老师就平日里我所应该留意的心态一并给予指教。

●解答　开动“脑筋”，专注于既存业务，从而增加利润

◆提高业务核算指标

你所说的情况与风投企业刚开始时的情况如出一辙。虽然拥有自身的技术，打算依托自身技术创建风投企业，但是对于业务前景却充满了不确定感，同时又想利用手头的技术涉足相关的周边产业。总之是一副犹豫不决的心态。

你本来一直都是在母公司做公司职员的工作，现在却被派遣到一家以高龄员工为主的子公司当总经理，经营的都是些诸如仓库管理、产品配送之类母公司不愿涉及的次要工作。并且现在又被要求“在业务上不要一味依赖母公司，要想办法开拓自身业务，走一条自立的道路”。也就是说，母公司要求你们充分利用迄今为止、作为母公司的附属企业所积累的、在物流系统设备销售和制版业务等方面的经验，提高自身业务层次，能够自己养活自己。

我们在这里先就你们公司的情况展开详细探讨。你们公司此前一直都只为母公司提供相应的协作，并且公司的主要业务内容也只不过是利用高龄员工调运、配送打包带、胶带纸之类的、母公司生产的纸板箱所必需的附属资材。而你正在以这些既有内容为基础，打算拓展新业务。

我相信在场的众人当中一定有人在感叹，“自己现在正在从事的业务效果并不理想，想要改弦易辙，但是又几乎找不到其他合适的方向”。听了你的介绍，说不定还有人会意识到，“虽然比较起来我们公司的情况也不容乐观，但是好歹要比他们更有前途一些”。但是，如果要我下结论的话，我认为你们现在正从事的业务已经充满了发展潜力。

在经营企业时，只要善于开动脑筋，那么就一定能够有所成就。我相信你心中真正想要表达的意思是，“虽然我们公司到目前为止一直都是作为母公司的附庸，经营一些单调的业务，但是今后要在继续从事目前的这些业务的基础上，让我们公司能够进一步得到发展壮大。所以希望公司所有员工能够怀揣这个理想，投入到工作之中”。

要实现这个愿望，首先就必须提高依赖母公司所获业务的核算指标。有人认为，想要提高这些任凭谁都能够承担、母公司自己既不想做又不挣钱的业务的利润成本核算指标，几乎没有可能。事实上，这种观点本身就是大错特错。只要能够改革、创新、提高每个员工的生产效率，这个目标就并不难实现。

你们公司现在收益极低，因此当务之急应该是通过现有业务增加企业利润。也许你会认为“这种事说起来简单做起来难”，但是我本人在实践中就曾经有过同样的经历。

◆京瓷物流业务部的诞生

京瓷在日本列岛北至北海道，南至鹿儿岛都有工厂。将产品从这些工厂发到客户手中的配送业务，以及仓库管理业务都非常繁杂。

京瓷是委托物流公司，利用长途货车进行货物的配送工作。京瓷的客户每周都会针对所需产品的种类和数量发出详细的通知。由于各类产品的需求量规模庞大，因此，京瓷不得不在日本各地设置仓库，集中储存各类产品，然后按照客户的订单发送相应的产品。京瓷每年数千亿日元的销售额中，在这类配送业务方面所花费的部分占了相当大的比重。

京瓷在营销管理方面极其重视产品交货的控制。由于一旦产品交货出现延期，就会导致客户信赖度的降低。因此我们把这一点放在了非常重要的位置，对其进行了彻底的管理。后来，京瓷的伊藤谦介总裁打算将京瓷的物流业务升格为事业部，实行独立核算。为此，京瓷在公司内部进行了公开招聘，寻找足以担负这项事业的人选。于是，京瓷某个工厂的厂长站出来应聘，愿意来接手这项职责。

然而，就算要把京瓷的物流业务确立为一个独立核算的事业部，这也并非意味着立刻就要着手成立一家物流公司。产品的配送依旧是选择由外界的物流公司承担，但是如果仍然像以前那样，由不同部门支付配送费用，配送费用就不会有任何改变，也就无法产生效益。所以，这位厂长详细地分析了一直以来比较粗放的配送产品内容，根据每家工厂所生产产品的不同，选择相应的物流公司，然后与之进行配送价格的谈判。并且，他还将本来是以货车为中心的配送手段扩展到了航空、铁路、船运等各个方面，按照具体需要选择最适宜的运输工具。

与此同时，在京瓷内部，通过对产品出入库、打包等与发货相关业务的改进，使得京瓷在能够减少发货业务相关人员数量的同时，又能够充分利用年长员工与临时工。

通过以上这些创新和改进，最终在这个事业部成立三年之后，在京瓷的销售额增长了1.5倍的情况下，物流事业部的员工数得到了减少。也就是说，京瓷通过将物流业务整合成一个事业部，从而有效实现了生产效率和收益性的双重提高。

此外，京瓷还要求各个业务部门在迄今为止各自负责的产品、原材料的配送业务方面，努力“将费用降低到目前的水准之下”。就各个业务部门的立场而言，降低成本是天经地义的职责，因此大家自然会响应这个号召。最终，京瓷从每年十几亿的物流费用当中节省出了15%的利润。

在这个基础上，京瓷的物流业务部获得了自信，宣称今后不仅要承担京瓷的工作，同时还要成立京瓷物流公司，经营包括仓储业务在内的所有相关业务。

◆利润率不改善，梦想也就无从谈起

你们现在正在从事的工作单调乏味，员工缺乏斗志。我感觉你们现在的状态是，不管是你本人还手下的员工都只不过是在奉命行事。但是即便是现在的这种工作，作为公司总经理，重要的是能够找出其中所蕴涵的意义，向员工发出号令，“让我们从现在开始为此而努力奋斗”。并且，实施彻底的合理化改革，力求提高生产效率，争取从那些母公司认为无法盈利的

业务中创造出10%的利润来。

只要有10%的利润率，大家就会拾起信心。如此一来，就能够向母公司提出要求，“把那些在你们那里无法盈利的业务都交给我们吧”，从而获得新的业务，并通过自己的努力再把它们也转变成为能够盈利的业务。

如果母公司的回答是，“我们这里没有更多的工作可以委托给你们了”，这时再到其他公司去争取订单也不迟。如果在接受母公司低利润率的业务委托时依然能够获利的话，这种实力也必然会成为不输给任何其他业内对手的成本竞争力。

一定要让现在只能产生微小利润的业务创造出10%的税前利润率。只要实现了这一点，你自然就能够去畅谈更大的梦想。首先要进行革新与改进，尽一切努力降低成本，在实现10%的利润率之后，再考虑下一个步骤。

【经营问答四】

如何依托以 OEM 为主体的实业改善企业收益

● 问题

我们是一家以制造眼镜、眼镜框，以及太阳镜为主的公司。本公司最早始于大正六年（公元 1917 年），最初是我祖父创建的一家镀业公司。后来，由于本公司致力于开发针对眼镜框的镀金技术，便以此为机缘，开始了眼镜框的生产制造。

主要是出于我父亲的意愿，昭和五十七年（公元 1982 年），我大学一毕业就进入了我们家的公司工作。当时我们公司与一家大型镜片厂商共同合作，成功开发出了世界最早的钛合金镜框，公司效益因此大增，整体呈现出一派欣欣向荣的景象。

那个时候，眼镜正开始从单纯的视力矫正器具向时尚饰品转变。与著名时尚品牌签约获得许可生产的企业不断增加，业界对于眼镜造型设计的重视度逐渐高涨。

然而在这种潮流当中，我们公司依然 100% 是以 OEM 生产（为其他品牌商家进行委托代工生产）为主，完全是按照客户提供的设计图纸和方案生产制造相应的产品，也就是一家纯粹的代工企业。再加上我们公司把经营重点放在质量管理上面，因此毫不夸张地说，我们公司对于产品设计根本就不关心。此外，我们的下单客户包括刚才所说的那家大型镜片厂商，总共也只有五家公司，由于我们公司的业务100%都是依赖OEM生产，因此我们甚至连自己的营销部门都没有。

虽然我一开始就主张公司有必要重新认识产品设计的重要性，并且强化自身的营销能力，但是由于当时我们公司生产的钛合金镜框几乎是以我们所希望的价格在市场上得到热销，所以根本没有人会在意我这么一个毫无经验的人的意见。当然，考虑到当时的那种状况，这也是没有办法的事情。

但是在经过了两三年后，状况发生了剧变。就在我们公司尽情享受着作为技术开发先行者所获得的丰厚利润回报期间，其他竞争对手也不断成功开发出各自的钛合金镜框，我们丧失了市场垄断地位，镜框价格不断下跌。雪上加霜的是，我们的五家下单客户中，处于核心地位的一家公司终止了与我们的合作，使得我们公司遭受到了重大打击。

有鉴于此，我们公司在着手组建自己的营销部门、努力扩大客源的同时，开始强化自身的策划与设计能力。也就是说，我们试图将公司转型为策划提案型的OEM生产企业。如此一来，我们公司就能够参照客户的商品种类和品牌为其提供相匹配的商品策划和设计方案，并进行代工生产。虽然规模极小，但是我们也可以在海内外市场中销售本公司品牌的产品。

到如今，我们公司的 OEM 生产约占公司总生产规模的 95%，自主品牌的生产则占了约 5%，公司客户总数超过了一百家，销售额也在不断上升。

如上所述，通过向策划提案型 OEM 生产企业的转型，在公司内部一致达成了企业产品策划与方案设计能力对于企业运营大有裨益的共识，公司的客户规模因此得以扩大，订单也趋于稳定。然而，一个令人尴尬的现状是，我们公司内部依然仅仅是把企业的策划与设计能力视作企业向客户提供的附属服务，而没有将其与产品的价格控制紧密地联系在一起。

我们公司现在的毛利还比较低，现在所面临的最大课题就是如何有效改善收益率，这一点也正是我想请教的问题。我本人估算最低也应该能够实现 20% 以上的毛利，但是要实现这个目标，我认为关键就在于是否还要将公司现存的以 OEM 为主体的生产体制继续延续下去。

虽然我们可以通过增加自主品牌产品的生产销售来比较容易地促进毛利的提升，但是这种做法同时又伴随着库存积压的风险，一旦操作不当就会扩大营销成本，最终反而有可能降低企业收益。并且，这还要求我们公司刻不容缓地增强在市场、销售以及策划等各个方面的能力。此外，我们还必须顾虑到，这种选择有可能让我们在市场上与现有的 OEM 客户产生冲突。

但是不管怎样，我还是想把自主生产销售的份额从现在的 5% 提高到 30% 左右。我们公司现在的订单量受季节影响过大，这已经成为了阻碍企业提高生产效率的要因，而能够进行自主规划的自主生产销售，对于订单量剧烈起伏的状况可以起到缓冲作用，并且我相信自主品牌产品的生产将有助于提升企业员工的凝聚力。

我之所以打算要让自主品牌产品的生产比率达到 30%，是因为在以坚实的 OEM 生产为基础的前提下，实现 30% 的自主品牌生产是在把风险抑制在最低程度的同时，提升企业毛利的最佳选择。

虽然我已经准备要为实现这个目标全力以赴，但是对这个同时伴随着更大风险的抉择，我心中也并非就没有任何顾虑。针对我这个为了提升企业毛利而准备改变公司以 OEM 为主体的生产形态的打算，希望稻盛老师提出您的意见和建议。

●解答　专注于外包业务，想方设法将生产效率提高十倍

◆向策划提案型委托生产模式的转变是企业形态进化的证明

在聆听你的叙述时，我不禁回想起京瓷的成长历程。

我最初是在研发出了精密陶瓷材料之后，以此技术为基础创建了京瓷公司。但是，由于当时这属于一种全新的材料，我们也不清楚究竟适合于生产什么样的产品。于是，我就去向各大电子产品企业直接探询："我们成功研制了这种具有绝缘性能的新材料，能不能在你们研制的电子产品相关的绝缘零部件上得以应用?"然后我们从这些厂家的研发部门的人员那里得到反馈："我们正准备研制某种真空电子管，你们是否能够利用你们研发的这种绝缘材料，制造出特定形状的部件?"当时虽然我也没有任何把握，但是仍然一口答应了下来："明白了，没问题!"然后极尽一切所能地投入试制工作，直至获得最终的成功。

这一段经历与你父亲曾经做过的事情其实完全属于一种情况。区别仅仅在于你父亲用的是钛这种材料，而我用的是陶瓷材料。我们在制造产品时，从产品用途到规格，完全都由给我

们下订单的客户来决定，我们只需要从他们手中接过图纸，按照图纸进行生产并交货即可。不过这种方式也导致我们无法进行自主生产和销售。于是我也和你一样，逐渐开始筹划着要生产自己的产品。

在大规模集成电路还没有出现、晶体管才刚刚问世之时，我拿着图纸四处向客户提交自己的方案，劝说他们："我们按照特定形状制造的绝缘材料部件不是正好适用于容纳你们公司生产的晶体管吗?"结果这个提案大受欢迎，首先被 A 公司所采纳。于是接下来我又带着同样的方案去拜访 B 公司，B 公司也作出了相同的决定。京瓷就是像这样通过推销自主进行的策划和设计，促进了自身形态的进化。

◆OEM 承包厂商容易陷入的歧途——过于轻率地拓展自主品牌

京瓷最早只有松下电子工业一家客户。我们公司当然只为松下生产陶瓷绝缘材料部件。但是对于松下而言，它的供应商里既有生产收音机成型部件的厂家，也有专门作金属钣金业务、制作金属部件的厂家，甚至还有利用车床进行金属加工的厂家。松下这个大型家电制造企业的周边，充斥着不同行业的承包供应商，并且这些供应商还共同组织了"松下共荣会"。我相信现在的各大企业也都组织了同样的团体。

由于这个组织的会员都是由从松下获取订单的企业家组成，因此我一开始还想当然地以为，大家都必然会对松下感恩戴德。可是，等我自己去出席他们的会议时才惊奇地发现，哪里有什么感激之情，与会的大多数成员都是一肚子针对松下的怨气。

一位我父亲辈的大叔毫无顾忌地冲我说道："你还太年轻，才刚开始与松下打交道。松下就会想方设法向我们压价，一点良心都没有，逼得有的公司甚至因此而被迫倒闭。"

在这样的氛围中，有头脑的经营者都会意识到，"永远只做承包商的话就绝不会有任何出路，正是因为没有自主产品，那些供应商才会陷入现在的这种悲惨境地。所以必须有自己的自主产品"。由于平日里已经能够亲身感受到作为大企业承包商的悲哀，因此，要让自己的公司从作为承包商的零部件厂家转型成为成品厂家的想法是再自然不过了。

你现在想要摆脱毛利稀薄的承包商角色，将自主品牌产品从现在的5%提升到30%，但是与此同时，由于顾忌到如果自主品牌产品的生产量过大，就有可能在市场上与你的上家委托厂商产生竞争，因此又打算把自主品牌产品的生产份额控制在30%的水平。不过你要考虑到，自主品牌产品的生产份额一旦达到了30%，就必然同样也会与你现在的委托厂商之间在市场上发生竞争关系。因此在现阶段，我认为你最好还是放弃这个计划。

如果想要销售自主品牌产品，就必然需要在策划、设计以及宣传、营销、在库管理等方面投入大笔的资金。由于自主品牌产品的生产份额不管是30%、50%还是100%，都同样需要花费大笔资金，因此你打算要把自主品牌产品的生产设定在30%的念头在收益成本核算上并不划算。真要做的话，就不如干脆设定在100%的水准。然而，这种做法就使得企业需要承担额外的库存积压风险，广告宣传成本，同时还得架设自身的营销流通渠道，这些都无疑让企业承载起前所未有的风险。因此，自主品牌产品对于承包供应商而言，有如是恶魔般的诱惑，绝对不可轻易地被其所迷惑。

◆转换思想，发掘能够惊人地削减成本的方法

那么，是否就该因此而永远自甘于作利润微小的承包商角色呢？答案当然是不。

正如你所指出的，作为承包商，不管在产品设计和构思方面花费多大的努力，一般说来也很难反映到产品的成交价格上。虽然你提出，承包商不管是否有向委托方提交方案，都无助于改变代工产品的低廉价格，但是与那些没有提交方案的承包商相比，你的公司获得订单的概率显然要更高一些。因此你们公司应当继续维持提案服务。

然而问题是，究竟应该怎样才能提高企业的现有收益率。如果无法在产品的卖价上做文章的话，那么作为生产厂家，为了提高企业收益率，就只有通过提高生产效率、推进生产合理化来达到目标了。

或许你听到这里会产生疑惑，你们公司已经把生产效率发挥到了极致，不知道该如何才能进一步地推进生产合理化。

松下幸之助先生当年还在执掌公司的时候，曾经有过这么一个故事。当时，由于电视机的价格不断下滑，因此生产厂家必须生产出更加便宜的显像管。于是松下公司内部的技术人员就被召集到了一起，共同探讨如何将显像管的生产成本再减少10%。恰好路过的幸之助先生默默地倾听着众人的讨论。然而众人滔滔不绝的议论没完没了，一直无法得出任何结论。时间一分一秒地过去，准备要离场的幸之助先生最后只留下了一句话："如果大家没办法将成本降低10%的话，那就想办法把成本降低30%好了。"

由于众人都是想着要如何才能把成本降低10%，因此，虽然经过了长时间的讨论也无法达成共识。然而当要求他们想办法降低30%的生产成本时，这就不得不从根本上对于现有的设计、原料以及工程等各个方面进行改进。也就是说，幸之助先生想要告诉大家的是，在进行大幅度的成本削减时，不能依赖于现有基础上的惯性思维，而应该从根本上进行思维转换。

◆充满自信地专注于承包业务

刚才我已经说过，京瓷在创建之初，也曾经做过松下电子工业的承包商。由于是承包商，因此每当接受松下订单时，都会遭到来自松下的压价。

最初，我也认为无法降低产品的价格，于是想尽各种办法寻求解决出路。但是有一天，我突然改变了自己的思维方式，开始意识到，“作为承包商，无论如何终究还是无法回避委托方的压价要求，与其如此，不如让低价同样能够给企业带来利润，那就不用再害怕什么低价了”。于是我全面展开了各种各样的创新和改进，努力提高企业的生产效率。简而言之就是，不要一味地想着如何摆脱承包商的角色，而是要勇于面对并战胜眼前的问题。最终，我们虽然是一家大企业底下的零部件承包商，但是我们仍然通过生产与以前相同的产品而确保了充足的利润率。这也说明了，即便是承包商，如果能够从根本上改变在产品制造方面的思维惯性，也一定能创造出足够的利润。

像这样，作为承包商所得到的锤炼为后来京瓷打入美国市场作出了重要的贡献。当时美国的一流电子设备制造商生产的是世界最先进的产品，他们在选择零部件时，在质量、技术、价格这三个要素上都有着极高的要求，任何欠缺都会遭到淘汰。但是京瓷生产的零部件，正是受惠于以前松下的苛酷要求，以至于完全能够满足美国厂商的条件，最终得以成功入围。

所以，你完全没有必要因为自己只是一家承包商而感到羞耻。以前曾经有新闻记者向我提问："京瓷说起来是电子公司，但事实上难道不就是一家承包商吗?"对此我堂堂正正地回答道："对，我们就是承包商。"但是为了让手下的员工能够对我们所从事的事业产生自豪感，我对他们说："我们是一家掌握有先进技术的承包商，从根本上支撑着日本的电子工业。同样也正是我们京瓷，支撑着世界半导体产业的基盘!"

你刚才说如果不生产自主品牌产品的话，将无法提升企业员工的凝聚力。这种想法是错误的。即便没有自主品牌，如果能够生产出在质量和价格上都首屈一指的产品，这就已经足以让员工们对自己从事的工作产生自豪感了。

◆每天都要与技术人员一道进行反复研讨

有这么一家生产影像设备、以 OEM 生产为主体的企业，即便在经济不景气的时候，依然能够从世界各地源源不断地获得订单。那些世界知名家电厂商都在向这家企业发包进行委托生产。之所以如此，是因为这家企业拥有极高的生产效率，在产品价格方面一般企业完全无法与其竞争。虽然它的同行们都非常懊恼，但是订单确实只涌向这家企业。

虽然只进行 OEM 生产，但是这家企业依然获利颇丰。它基本上不用花费任何宣传和广告费用。由于吸引到了世界各地厂商的订单，该企业依然实现了生产数量的增加和利润的上升。目前这家企业的股票业已上市，股票价格也一路飙升。

你的公司已经在进行策划提案型的委托生产活动，这一点做得非常不错。希望你们能够在此之上，将镜框的生产流程从头开始进行改进，实现数倍于现有水平的生产效率。

通过转变思想，完全有可能让企业的生产效率发生飞跃性的进步。只要与技术人员一道，每日深入现场，将现有的生产效率提高五倍乃至十倍，那么就算是 OEM 企业也同样能够实现高收益。

第二章

企业要勇于不断进取

如何实现企业经营的多元化

● 经营者所需具备的决心与专注力

作为企业，理应不断发展下去。如果是像钢铁或者汽车制造业这样拥有广阔市场的企业，那么就只需专注于特定的单一产品即可保证自身的持续性发展。但是作为那些普通的中小型企业，如果只拘泥于市场规模有限的产品，终究会遭遇到成长的瓶颈。

在有限的市场中想要维系企业的持续性发展，就必然需要开拓创新，力求实现企业经营的多元化。尤其是在当前这种市场与企业经营环境激烈变化的时代，如果只专注于某一单项的产品或者业务，那么这个市场本身甚至都有随时消失的危险。并且企业也绝不应该将自身的命运寄托在某一个产品或者业务上，因此实现企业经营的多元化也就更加势在必行。所以，企业经营的多元化就成为中小型企业实现自身发展壮大的必由之路。

然而，由于企业的多元化进程必然会伴随着巨大的风险与困难，因此事先就需要做好相应的铺垫。企业首先必须做到的一点就是拥有足够的财务实力，以便当多元化进程遭受挫折时，企业依然能够支撑下去。为了实现这个目的，企业就有必要提高既有业务的收益率，确保企业坚实的财务基础，确保企业在蒙受少许损失时也不会产生任何动摇。

并且，在推进企业经营多元化的过程当中，企业的经营者事先应当做好充分的思想准备。正如不少大企业在拓展多元化经营的过程中也遭遇到了重重阻碍，企业经营的多元化过程必然会伴随着难以预计的困难与艰辛。因此作为企业的经营者，必须具备千难万险也在所不辞的决心，以及异于常人的专注力。

企业在为了推进经营多元化而拓展新业务时，经常会遇到那些以该新业务为主业的竞争对手。对于竞争对手而言，这些业务往往关系到自身的生死存亡。因此作为新业务的开拓方，如果只把新业务当作企业所经营的众多业务当中的一环，而不能集中力量回应竞争对手的反击，就必定会在竞争中失败。商场如战场，要想战胜大举压境、势在必得的敌军，己方唯有全力迎击。所以，在这种时候，面对企业在经营中出现的瞬息万变的局面，领导者在具备非凡的专注力、迅速制定对策的同时，还必须付出超于常人的努力才能险中求胜。

然而在实践中，作为企业的经营者，有时即便是对自身主打的业务或者产品，也都难以作出正确的经营判断。因此在推进企业多元化经营的过程当中，要想凭借不凡的专注力、迅速作出准确的判断，显然是一件“说起来容易，做起来难”的事情。一般的企业经营者在面对这种情况时，往往由于忙于手头的各种纷杂事物，而将具体判断委托于他人。而这一点也正是众多企业在多元化进程当中遭遇挫折的主要原因。

为了避免这种情况，以我本人作为企业经营者的经验，就是要以“专注”的态度来进行判断。所谓专注，就是指不管对于怎样细节性的事物，都能加以注意，集中意念加以思考，并作出判断。要想具备这样的能力，就要求我们在平时养成对任何事物都能够慎重对待、认真思考的习惯。

虽然需要花费一定的时间才能养成这种习惯，然而一旦具备了这种能力，经营者就能够集中意识，作出迅速准确的判断。要想推动和实现企业经营的多元化，企业的经营者不管如何繁忙，都必须具备这种能够全神贯注进行判断的能力。

如果一家企业具备了能够不被轻易动摇的财务实力，其经营者也拥有超出常人的斗志与激情，并且对于不管怎样细微的环节都能够作出认真谨慎的判断，那么这种企业也就无须再画地为牢、自甘于中小企业的范畴，完全可以鼓足勇气，推动企业经营的多元化进程。

● 是稳扎稳打，还是大刀阔斧

在经营者下定决心开始推动企业的多元化经营时，接下来会遇到的问题就是，到底应该怎样来开拓多元化进程。实现企业经营多元化的火种其实就潜藏在一家企业擅长的领域与市场的延长线上。如果是制造企业，并且掌握有独家技术，那么可以充分运用手中的现有技术开发不同用途的新产品；如果企业的营销能力比较强大，也可以选择拓展新市场作为突破口。总之，要实现企业经营的多元化，有多种多样的方式可供选择。

当京瓷还只是一家中小型企业的时候，我就已经打算在京瓷所专长技术的延长线上推动经营的多元化。虽然我本人并不下围棋，但是我当时以围棋为例，向手下的主管们说明道："下围棋的时候，即便己方占据了优势，可是如果一旦过于贪心，将下一步战线拉得过长的话，反而会被对手切断己方的大龙。只有一步一个活子，最终将整个局面连成一片，这种手法才能减少失败的几率。”

由于企业经营多元化不仅会分散经营者的精力，同样也会分散企业的整体资源。因此我出于充分利用企业经营资源、有利于进行内部协作的目的，决定在企业现有技术的延长线上推进企业经营的多元化。尽管京瓷在多元化进程当中，不断涉足再结晶宝石、医疗用陶瓷材料、切削工具、太阳能电池等不同领域，但是这些产品的开发都是基于京瓷具有优势的精密陶瓷技术和结晶技术。

以这些独有技术为核心，京瓷在企业经营多元化的征途上不断进取，直到京瓷创立二十年之后，我才作出了进行全新尝试的决定，以救助并购的形式兼并了濒临破产的通信器材制造厂商“赛伯乐特工业”（サイバネット工業）。

赛伯乐特工业是通过为美国的民用电台生产对讲机而急速成长起来的一家公司，但是由于受到对讲设备规格变更的影响，公司业绩急转直下，为此他们的经营者来向我求助。我虽然刚才说过不宜将战线拉得过长，但是考虑到拯救一家濒临破产的企业同样也等于是在为公众服务，所以尽管我对通信器材一无所知，但仍然义无反顾地承担起了重建这家企业的重担。

在并购之初，赛伯乐特工业已经没有任何对讲机的订单，赤字连连。并且这家公司还有一部分比较极端的工会成员，他们甚至跑到我家里极尽诽谤中伤之能事，给我带来了不少麻烦。但是由于我的决定是为了救助前赛伯乐特的员工，因此这一切我都忍受了下来。

并且，当我还在为是否重振赛伯乐特的原有业务而徘徊不定之际，日本的电信业出现了放松管制的动向，曾经由电电公社垄断的长途电话业务得到了全面解禁。因为我一直以来都为日本居高不下的长途电话费而感到愤慨，因此出于日本大众的利益，要让日本的长途电话费变得更加便宜的单纯愿望让我拍板决定了创办第二电电。

也就是说，虽然我面对的是一项自己完全生疏的全新事业，但是为了公众的利益，我还是毫不犹豫地踏出了突破性的一步。并且在第二电电刚刚建立，还未步入正轨之时，我预见到了移动通信时代的到来，又分别创建了经营手机业务的赛鲁拉公司（セルラー，现 au 公司）和小灵通业务的 DDI 便携（DDIポケット，现维尔康姆公司）等新企业。

虽然我的本意是要为社会大众作出贡献，但我完全是在与京瓷的传统业务毫不相干的领域不断布下一枚枚棋子。因此要想最终获得成功，就必须让这些棋子互为相连，发挥共同的综合实力。

于是，京瓷决定开始生产作为移动通信终端的手机。当时在通信技术方面为京瓷提供支持的正是曾经得到京瓷援助的前赛伯乐特工业的技术人员。京瓷利用承自赛伯乐特的无线通信技术，成功生产出了赛鲁拉所需的手机和DDI便携所需的小灵通，以及两家公司所需的基站设备，同时这些产品也用到了京瓷生产的电子零部件。正是通过这样灵活多样的多元化发展，京瓷将既有业务与新拓展的业务连接到了一起，催生了相互之间的协作效应，从而有效发挥了京瓷集团的综合实力。

京瓷正是通过这种灵活多样的方式促进了各项业务的拓展。作为企业，随着自身的不断发展，必然会具备进行大刀阔斧推动经营多元化的能力，但是当企业规模还不是很大时，这种做法则具有极高的风险。因此，原则上企业首先需要夯实在自身主业方面的基础，然后再在此延长线上寻找推进多元化的突破口。

● 谦虚为怀，戒骄戒躁

此外，在推动经营多元化的征途中，有一点企业的经营者必须铭记于心：在攀登经营多元化这个山峰的过程当中，企业会得到发展，然后在度过一段安定期后，接下来又会再攀登下一个高峰。企业就是在不断攀登高峰的过程中得以发展壮大的。然而，企业却往往容易在最初的多元化尝试阶段获得成功，而在企业规模发展到一定程度时遭遇到意想不到的危机。

一般，企业的经营者往往会为一时的成功而变得洋洋得意，不知不觉中变得忘乎所以起来。并且越是那些能力过人、能够卓有成效地推动企业实现多元化目标的经营者越是容易陷入自负，无形中产生“所有这些成绩都归功于我领导有方”这样的过度自信。最终，这种态度将会导致那些曾经为了企业的多元化殚精竭虑、努力奋斗的经营者把谦虚抛到脑后，变得趾高气扬、不可一世起来。

一旦如此，周围的人必然会对经营者离心离德，企业运营也将急速下滑。为了避免这种局面的发生，我一直都在教导盛和塾的学员们，无论在事业上获得了多大成功，都必须“谦虚为怀，戒骄戒躁，更加努力”。

作为企业的经营者，即便是在跨越了企业经营多元化这个陡峭的山峰、并因此获得了自信时，也决不能忘掉谦虚。为了让自己的企业能够不断向前发展，经营者不管取得过怎样的成功，都必须戒骄戒躁，全力提高自身的品性。

【经营问答五】

作为零售业，不断扩大分店的做法是否正确

● 问题

我们公司是以经营书籍、玩具、杂货类为主的销售连锁店。目前公司拥有员工五百人，资本金是四千八百万日元。自从我就任公司总裁以来，积极地采取了扩大分店的政策，店铺总数达到了三十四家。我们公司的销售目标是每年一百亿日元，尽管前年我们实现了九十七亿日元的销售额，但是从那时起，销售额就开始出现了滑落。为此我们已经关闭了九家店铺。

尽管如此，我们也没有进行裁员，而是一直努力坚持到了现在。然而我心里还是担心，如果不继续开设新店铺的话，公司规模就有可能进一步萎缩。我自己是非常乐意继续开设新的连锁店铺，我甚至对朋友们说：“我的乐趣就是开新店，爱好就是为此而借贷。”

虽然我也考虑到，作为零售商，今后要想在竞争中生存下

去，就有必要设立能够吸引更多客源的大型商场。然而在现实中，由于日本经济的长期低迷，许多大型超市和店铺都因为投资过大而倒闭。

虽然到目前为止，我们都是以淘旧换新的策略开设新店，但是本公司因开设新店而背负的债务已经相当于公司五个月的销售额，这样下去恐怕不足以继续维持公司目前的扩张政策。

并且从经营环境的变化，以及经营资源的有效利用等角度来考虑的话，目前本公司所执行的这种扩张策略终究也有走到尽头的那一天。因此，必须在经营策略方面进行相应的转换。针对这一点，我希望能听听稻盛先生的建议。

•解答　不要追求销售的规模，努力提高各家店铺的利润成本核算

◆在夯实核心基础之后再展开新业务和新店铺

我在盛和塾经常说：“在这个宇宙中，存在着一种令万事万物不断成长与发展的法则。因此存在于这个宇宙中的所有事物，不管是植物，还是动物，任何东西都在永不停滞地进化发展。因此，作为企业也必须努力奋斗，不断成长。”

如果想让公司的销售额从十亿日元扩大到二十亿日元，再

从二十亿日元扩大到五十亿日元，然后继续从五十亿日元扩大到一百亿日元的话，当然就必须依靠不断扩充分店，扩大店铺规模来实现。你本人也正是通过不断开设新的连锁店铺，从而实现了公司规模的成长。然而，你刚才所说的“乐趣就是开新店，爱好就是为此而借贷”这句话却让我感到有些不寒而栗。这种想法应该是大错特错。

虽然这个宇宙中确实存在着万事万物都会不断成长与发展的法则，但并非是说，在任何环境中，这种成长与发展都能够永无止境地持续下去。不管是植物还是动物，都只能够在适宜的环境中获得成长。

比如在冻土带区域只生长着苔藓和地衣类植物。不管再怎么谈成长与发展，极度寒冷的冻土带气候已经限制了能够成长植物的种类。但是在温暖多雨、适合植物生长的地域，却生长着茂密的森林，巨大的树木到处可见。因此我们说，环境是影响生物成长的制约条件。

至于你们公司的情况，我认为如果按照现在的方式继续下去的话，早晚会触及成长的极限。你们公司今后想要继续发展，自身资本实力的积累已经成为了先决条件，因此你们首先应该加强所有现存店铺的利润成本核算。在目前这种情况下，你们公司与其勉为其难地增加销售额，不如提高现有各家店铺的收益率。要确保各家店铺具备必要的能力，即便一时无法实现10%的利润率，至少也要保证7%～8%的利润率，好为员工的未来提供一定的保障。假如无视这个先决条件，贸然实施扩张路线，你们公司的前景将不容乐观。

二战后，在日本掀起销售业革命的大荣公司（日本最大的零售商之一。——译者注）最早是以“主妇之店·大荣”超市起家，然后才不断成长，风靡于世。在日本陷入泡沫经济时期，大荣反复进行M&A（企业并购），从而令其所背负的银行借贷也不断增加。

原本大荣应该在确保现有各家店铺的利润成本核算、进行充分积累的基础上，再探讨开设新店铺的可能性。然而大荣却急于执行自身的扩充路线，无视现有店铺的赤字，不断开设大型店铺，涉足新的事业。而在此期间，本来是大荣发家基础的超市部门却意志消沉，现有店铺的利润成本核算显著恶化。最终，背负上巨额债务的大荣在经营上陷入了僵局，一个巨大的零售业帝国几近苟延残喘之境。

虽然公司规模不同，但你却像是在重蹈大荣的覆辙。就目前而言，加强现有店铺的利润成本核算才是你的当务之急。你应该确立完善的经营管理模式，通过对公司主管们的再培训，恢复现有店铺的收益能力。你必须将每一家现有店铺都铸就成坚固的堡垒，这样才能够实现公司整体利润的上升，同时也有助于公司现金流的好转，以保证自身所担负的债务可以按期偿还。

只有在解除了后顾之忧后，才可以考虑开设新店铺的问题。如果你确信在目前的商圈内，无法增设更多的书店、玩具店或者杂货类店铺，那么再论证是否进行新的业务拓展也为时不晚。

◆大本营与出击人员的配置

在京瓷创建之初，我曾经到日本的大型电子产品厂商去推销我们开发出来的陶瓷产品，但是没有人愿意信任当时还只是一家作坊工厂的京瓷，因此也就没有厂家愿意订购我们的产品。

那个时候，日本的大型电子产品厂商的技术都来自于美国的同行。因此我筹算着："如果美国的一流厂商能够采用京瓷的零部件，那么日本的厂商就将不得不使用我们的产品。"于是我就转而到美国去开拓市场。当时连英语都说不好的我数度赴美，在历经千辛万苦之后，终于成功地开拓出了美国市场。后来，由于来自美国的订单不断增加，我意识到必须在当地设置生产据点，于是京瓷在美国也开办了自己的工厂。

在开拓海外市场时，一般企业大多会选派最优秀的员工赴任。但是对于当时实力还比较弱小、人才也非常匮乏的京瓷而言，抽调优秀员工到美国工厂去的做法无疑将会削弱作为京瓷大本营的日本工厂的实力。如果这时敌人袭来，大本营一旦失落，我们就将无处可逃。

所以我权衡到，假如我们有朝一日遭遇失败，从美国铩羽而归，只要日本的大本营安然无恙，我们照样能够幸存下去。出于这种考虑，我将大本营的制造、营销等业务托付给公司最优秀的资深员工。然后作为总司令的我，亲自率领缺少经验的年轻员工奔赴美国。文化的差异让我们在美国遇到了诸多困难，但是在我的直接指导下，这些年轻员工也逐渐成长为了企业的骨干。由于留在日本的员工原本就非常优秀，因此我也就得以在美国这片新天地中培育这些年轻的员工，这对于企业而言无疑是一石二鸟。

正是因为我谨慎的天性，所以才会指派精锐部队牢固地守卫着公司大本营，而自己则亲自去开拓新的事业。经营者在迎接新的挑战时，必须修筑即便在前线溃退时，也能够让人安心归来的牢固大本营。

◆让事业永续的秘诀——在知足的基础上再求发展

接下来你问的问题是：是否必须开设大型商场。开设大型商场理所当然要比开设普通店铺需要冒更大的风险。虽然大型商场确实更容易吸引客源，为公司销售业绩的增长作出重要的贡献，然而，这也同时意味着在土地、店铺租金、装修等方面的巨大开销。并且为了吸引客源还必须进行各方面的宣传广告。因此，从成本核算的角度来看，开设大型商场对于公司所能够起到的作用实际上有限。

留意一下当前零售业的实际状况你就会发现，有不少零售业公司，即便是由于开设新店铺而实现了销售额的上升，但是由于现有店铺的赤字，造成总体上的业绩依旧低迷。所以，你必须首先确保你为员工提供有保障的利润，消除现有店铺的赤字，努力加强各家店铺的利润成本核算。

当年只有二十八名员工的一家京都小工厂，通过一步一个脚印的努力，最终发展成为今天的京瓷。京瓷之所以能够成为今天这个模样，是因为在我们胸怀“成为世界第一”的远大目标，勇于挑战、努力进取的同时，没有选择莽撞的扩张路线，而是秉持“知足”的理念一路走来的缘故。正是因为我们能够冷静地判断企业与自身事业的实际状况，绝不鲁莽行事，才没有在发展过程中遇到重大的挫折。并且，在事业顺畅之时，我们也没有骄傲自满、忘乎所以，依然勤勤恳恳、继续努力，这才保证了京瓷的发展能够得以持续。

反过来说，如果懂得知足，并且夯实了现有事业的基础，那么再去开拓新的事业也并无不可。所以我建议你在目前这种状况下，应该首先专注于提高现有业务的收益性。

【经营问答六】

是否该对老旧设备进行大规模的改造

● 问题

我现在所负责的酒店是我经营宾馆和餐厅业务的岳父于昭和四十六年（公元 1971 年）开设的。酒店客房总数有五十七间，是一家容客规模达到二百七十人、中等规模的政府认可的涉外观光酒店。

我们酒店于昭和五十四年（公元 1979 年）以子公司的形式分离出来，平成九年（公元 1997 年），岳父把酒店的经营权完全转交给了我。由于酒店完全脱离母公司正式开始独立经营，我为此又借取了四亿日元的贷款，用以购买母公司名下的酒店建筑和设备。因此相较于我们酒店现在每年九亿日元的销售额，酒店所背负的债务将近有十二亿日元。酒店的年度利润在支付贷款和折旧等费用前是一亿日元，扣除这些费用之后是四百万日元。我们酒店的员工总数是七十五人，资本金是八千万日元，在资金方面获得了地方银行和政府关联金融机构的积极支持，因此酒店得以比较顺利地经营至今。

虽然我们酒店的建筑和各项附属设施尚能维持在一定水准，但是酒店建筑的主要部分已经超过了三十年的法定使用年限，再加上高盐分的海风侵蚀，建筑物的陈旧化比较明显。酒店大浴场和宴会场的容量依然只是开店当初的规模，客户的意见回馈都反映有些过于狭促。

对于现在的温泉疗养场所而言，露天浴池已经属于必不可少的设施。然而在我们酒店现有的建筑内，想要再增设露天浴池极其困难，这就使得我们在与其他酒店进行竞争时处于下风。因此，不管是从设备还是营销角度来看，我们酒店都到了必须进行大规模投资的时点。

我们委托咨询公司对酒店的改造计划进行了具体论证，最终的论证报告指出，由于我们酒店地处海岸沿线，属于国家公园内的第一类特别保护区，因此建筑物的高度、面积、色彩以及外形设计都受到了严格的限制。酒店改造所需资金约为二十亿日元，改造后的预期销售额将为每年十五亿日元。

我本人在进入现在这个行业之前，有大约十年的时间是在政府关联的金融机构负责审核发明的工作，因此我完全清楚在我们酒店目前自有资本不足7%、财务状况尚不稳定的情况下，当务之急应该是强化自身的财务实力。由于我目睹了众多同业者，在泡沫经济时代，轻率地进行战略性投资，导致负债过多而最终陷于破产的绝境，因此针对酒店的改造计划不得不慎之又慎。

从去年开始，我们酒店已经先期开始了锅炉、大浴场过滤器以及电梯控制系统、自备发电装置、配管设备等客户视线以外设备的更新改造工作。为此所花费的资金从五百万日元到一千万日元不等。现在让我感到焦虑的是，在已支出费用不断膨胀的同时，若要再继续实施大规模改造，就必须撤除许多还能够用上不少年头的设施装备，这必然会导致极大的浪费。然而，我们酒店的入住率已经开始出现下滑趋势，如果不尽早充实各类设施，采取根本性的对策，酒店的经营就有可能陷入恶性循环当中。

与此同时，我们酒店的股东之一，也是一直以来都希望我们酒店进行设施改造的某家当地建筑公司，向我们提交了分三期进行设备投资的具体方案。并且，我们酒店的主要合作银行也表示，同意向我们提供积极的支持。但是即便如此，由于对本酒店的财务基盘感到不安，并且整体经济形势的前景也依然混沌，因此对于是否要接受这些提议我依然举棋不定。

我现在是陷入了进退两难的境地。因为如果我做错一个判断，就有可能导致将员工都卷入进来的严重后果，所以我内心也是非常犹豫。我现在的想法是，以第一期大规模改造的五亿日元为头绪，在细致论证的基础上，进行有助于提高入住率的最低限度的改造工程。以此为条件，有限度地接受那家建筑公司的方案。

虽然按照我的这个计划，我们酒店的营业额预期能够再增长到十二亿至十三亿日元，但还是希望得到稻盛老师的指教，看看我的这个判断是否正确。

●解答　与其不断借债，不如通过零敲碎打来自己动手进行改造

◆不要相信基于假设的销售额

仅从你所介绍的情况来看，我认为你们酒店如果现在就实施改造计划，必将充满风险。

因为有人建议你“分三期实施酒店改造工程”，这让你打算先借取五亿日元的贷款进行改造工程。你心中的算盘是，花费五亿日元进行酒店改造，虽然会导致酒店负债额增加到十七亿日元，但是到时候酒店的营业额也会从现在的九亿日元上升到十二亿至十三亿日元。

然而如果真要这么做的话，你们酒店的负债在继续融资五亿日元之后，毫无疑问，必定会增加到十七亿日元。可是所谓的营业额也会随之增加到十二亿日元终究只是你的预计，万一情况不妙的话，也可能最终只有九亿日元。你所说的营业额增

加其实根本没有任何保证。

如果你从事的是制造业，那么可以在确保生产量上升的同时，逐步增加设备投资。但是对于像酒店这种依靠设施提供服务的行业而言，进行设施改造将关系到成本的急剧变化。比如说修建一个未完工的露天浴池不会发挥任何效用，因此不得不一开始就投入全部所需资金以确保其完工。然而即便如此，营业额的增加却得不到任何相应的保证，因此风险也就必然会随之增加。

如果换作是我，我不会想花费五亿日元来用作酒店改造。恐怕你所说的这五亿日元改造费用，都是你的股东、认识的建筑商和设计师们出于自身喜好而预估出来的金额。要是我的话，必然会去亲自查找酒店到底有哪些地方由于老旧而变得不雅，并令入住客人们感到不满，然后对于必须更换的地方以零敲碎打的形式进行改造。

◆通过发动京瓷员工投入美化工厂运动而令企业业绩趋于好转的实例

前阵子，我去了已经并入京瓷集团的京瓷三田公司的枚方工厂，我花了一个半小时的时间巡视了这家工厂的各个地方。京瓷三田公司当初是在三田工业倒闭之后，依据《公司再生法》进行重组、最后以京瓷三田的形式得以重新组建起来的一家公司，曾经在京瓷担任打印机业务部部长的主管被派到京瓷三田担任总经理。

枚方工厂修建于昭和三十年代末期（20 世纪 60 年代），虽然建筑比较简陋，但是整个工厂非常整洁。工厂的道路上纤尘不染，花坛收拾得干干净净，没有一根杂草。

这家工厂每个月要生产数百吨复印机用的复印碳粉原料，碳粉这种东西简直就与煤粉相差无几。可是，虽然生产的是这种像煤粉一样的东西，这家工厂车间的地板却还是全部刷着锃亮的地板漆，并且用不同颜色的油漆界线分明地在地上标明了行走通道，即使你穿着家用拖鞋在车间的地板上走一遍，也不会弄脏一点。

但是，当初在三田工业刚刚倒闭的时候，这个工厂简直肮脏得让人没有可以插脚的地方。稍微在工厂里走一圈，浑身上下就会变得漆黑一团。面对这种状况，京瓷派来的新任总经理反复强调，这么肮脏的地方根本不能算作是生产工厂。然后借助全体员工的力量，彻底清理了整个工厂，才创造出了现在的这种环境。

这家工厂原来之所以会肮脏不堪，完全是因为生产碳粉的设备上存在着泄漏粉尘的漏缝，碳粉就是通过这些漏缝释放到了空气当中。为了彻底杜绝这种粉尘泄漏，工厂员工们自己动手对设备进行了修理。并且，大家还买来油漆，将充满污垢的外壁等处粉刷一新。通过这样的努力，最终使得整个工厂像现在这样光彩照人。枚方工厂的员工们并没有花费多少经费，就成功地让工厂得以焕然一新。

在碳粉工厂的隔壁还有一家生产复印机感光磁鼓的分厂。当初就是由于碳粉工厂的经营陷入亏损，使得感光磁鼓分厂也陷入亏损，从而导致整个公司整体都陷入了亏损的泥沼。然而在适用《公司再生法》一年之后，这些工厂都变成了高收益企业。

在打算让一家肮脏不堪的工厂变得干净整洁时，一般人大多都只会想到聘请建筑商，或者让装修公司来进行处置，同时再委托专业的制造厂商来修理泄漏粉尘的生产设备。然而这种做法必然需要花费数千万日元的费用。而枚方工厂在这些方面却没有花费一分钱，完全是靠发动工厂员工，自己来粉刷厂房，修理机械，让整个工厂旧貌换新颜。此外，枚方工厂不仅在外表上得到了彻底的改变，员工的心态也同时发生了转变，开始产生了主动意愿，希望能够把自己的工厂打造得更加美好。这种心态的转变也有效地助推了工厂业绩的全面好转。

◆亲自动手，发挥自身专长，进行创新改进

我觉得你现在首先需要做的是换上工作服，自己深入到现场去四处详细巡视，看看为什么酒店的改造居然需要花费五亿

日元。如果不是完全聘请承包商，而是你与酒店员工一道亲自动手，应该能够找到更加省钱的酒店改造方法。总之，你需要带着这个疑问自己到酒店去调查一番才行。

我认为凡是中小型旅馆或者酒店的经营者，如果不是自身就对建筑和各种设备感兴趣、对于酒店中各处的故障和缺陷能够亲手进行修理的人，那么这个人一定不是一个合格的经营者。作为中小型酒店的经营者，万不可自诩为老板，只会坐在办公桌后，叫来承包商，把一切工作完全指派给他们便以为天下太平。

以前我在鹿儿岛县的国分市建设新工厂时，经常在附近妙见温泉的一家温泉旅馆里投宿。这是一家修建在河流旁边，能够听见潺潺流水声的日本传统建筑风格的漂亮旅馆。

我一打听才知道，经营这家旅馆的主人自己就对建筑与设计很有兴趣。这家风格高雅的旅馆是他花费了五年时间亲自与本地的木匠一道，将一家老旅馆改建成现在这个模样的。这家改建后的旅馆在靠近河流的地方建有露天浴池，访客可以边泡温泉边品尝美酒。客房里燃着檀香，院落的空地间，自然洒脱地生长着一圈山茶花。

只要旅馆的老板能够匠心独运，爱好茶道和花道，那么即便不花费什么费用，也同样能够创造出这种境界。我认为，作为旅馆或者酒店的经营者，这样的修养必不可少。要是按照你现在的做法，那就得专门聘请花道专业人士，每日来特意为酒店布置插花。因此，我想你的这种观念必须加以修正。

我认为你现在只有通过零敲碎打的方式，来逐步将现在的老旧酒店改造一新。或许你会说，就算按照零敲碎打的方式来进行酒店改造，早晚还是得进行整体性的大改造，这样的话，前面的花费就无疑是打了水漂。那么我的回答是：你的这种看法是以酒店现阶段必须进行大改造为基本前提，这个前提本身就存在着很大的问题。你应该做的不是满脑袋只想着那些需要花费大量资金的计划，而是找到如何利用最小的成本赢得顾客欢心的途径和办法。

◆要将最优异的真诚服务作为自己的经营利器

在鹿儿岛的国分市，有一家由京瓷运营的京瓷宾馆。在国分市有京瓷的国分工厂和索尼半导体九州公司的半导体工厂。虽然造访这两家工厂的客户来自世界各地，但是国分市的酒店旅馆都比较陈旧，没有适合海外客户住宿的高档宾馆。

因此，那些来工厂访问的客户与同行就不得不坐将近一个小时的出租车，到鹿儿岛市内的酒店下榻。为此，我经常会有想法，希望在工厂附近能够有一家足以接待世界各地客户的高档次宾馆。但是，由于在工厂所处的偏僻之地修建这种档次的宾馆并不合算，因此没有任何人会愿意来做这件事。最终，我决定由京瓷自己来做。就算在最初的十年里宾馆全都亏损，但是只要能够让所在的城市获得发展，那么宾馆的利润成本核算最终也必然会趋于正常。基于这种考虑，也同时为了推动所在地域的发展，京瓷在国分市开设了一家高档次的宾馆。

在围绕着宾馆经营的问题上，我对京瓷宾馆的员工们说道："地点和设施并非是决定一家宾馆高档与否的唯一条件。虽然我们地处偏远，但是仍然要努力成为一家得到世人称誉的宾馆。要想做到这一点，最重要的先决条件就是宾馆员工的心态。我们要让所有惠顾这家宾馆的顾客都为你们大家灿烂的笑容和充满体贴的服务所感动，能够发出'下次还愿意入住你们宾馆'的感叹。由于工作的原因，我入住过众多世界一流的宾馆，但是能够给我这种感动的宾馆却很难遇到。你们不仅是在这家宾馆工作，更要努力让这家宾馆成为一个能够让顾客感到衷心喜悦的地方。"我的这个理念现在已经被确立为京瓷宾馆的经营方针。

像京瓷这样，当某家企业初次涉足没有任何经验的酒店业时，通常的做法是，即便依靠自己的力量解决了建筑和设施，但是酒店运营还是会委托给相关业者代行。但是，京瓷宾馆却完全是由京瓷公司直接运营管理，宾馆的员工也是到京瓷的工厂直接招募的："有没有想去宾馆工作的人？有的话举手。"京瓷没有让任何外人来插手京瓷宾馆的运营。

这种做法或许不符合常规，然而一旦将宾馆的经营委托给外界，那么京瓷宾馆的独特之处——依靠具有一流服务理念的员工进行宾馆经营的特色就会因此而丧失。正是由于从业员工们能够理解我的心愿，并为此而积极配合，才使得京瓷宾馆的业绩实现了稳步增长。

以你现在的情况来看，我建议你应该脚踏实地打开目前的局面。迄今为止，你正是由于谨慎的经营态度才赢得了相关金融机构的信赖，所以你就更应该将这种经营态度坚持下去。只有这样才能够规避风险，取得成功。

【经营问答七】

为了扩大市场份额，应该如何成功地进行 M&A

● 问题

我本人经营的是汽车销售代理业务。公司的前任老板，也就是我父亲于昭和三十七年（公元 1962 年）创办了现在这家公司。受赐于汽车在日本的迅速普及，我们公司也得以快速地扩充销售网点、构筑销售渠道，为公司的发展确立了坚实的基础。因此到昭和四十六年（公元 1971 年）时，本公司如愿成为本县最大的汽车销售代理商，并且这个地位一直保持至今。

我自己在昭和四十五年（公元 1970 年）的时候，去了一家为本县某制造厂商的产品做销售代理业务的公司担任管理工作，并重振了这家公司的业务。昭和五十二年（公元 1977 年）我又回到了父亲的公司，一个月后我的父亲就离开了人世，我以二十八岁的年纪担负起了两家公司的经营管理重担，一直走到今天。在此期间，我还接管了本县一家制造厂商的销售店铺，以及一家陷入亏损的进口车销售代理公司。

汽车的销售代理是一个充满激烈竞争的行业，所以我打算本公司要在本县的范围内，以汽车销售代理为核心，拓展与汽车相关联的其他业务。我认为要想维护本公司以及集团其他企业员工的利益，关键还是在于市场份额的确保。目前，本公司在本县汽车销售市场中所占据的份额是15%，尽管这个份额还在稳步增加，不过我还是明确希望将来能够占据全县汽车销售市场25%的份额。

在制定扩大整体市场份额的经营战略时，就不可避免地需要运用M&A的方式来实现这个目的。然而，在实施M&A的时候需要做好哪些准备，应该具备怎样的态度，以及如何消除与被并购企业的员工之间的心理隔阂，这些问题一直都在困扰着我。

我打算将公司业绩向所有员工公布，在努力培养公司内部团结感的同时，推进包括被并购员工在内的人才培养。如果稻盛老师在这些问题上有什么秘诀的话，请一定不吝指教。

●解答　三方皆赢的并购有助于企业的进一步繁荣

◆能够获得员工爱戴的品性至关重要

如果要问对于企业的经营管理，什么才是必不可少的关键，那么我会认为当属企业主管能够获得手下员工的爱戴，使得员工积极主动地按照企业主管的意图开展工作。企业的经营者要想做到这一点，不但需要具备杰出的才能，更重要的是必须具备使手下员工受到感染的魅力。换句话说就是，经营者必须具有能够让员工产生钦佩之意的个人品性。

并且，我主张，经营理念才是企业经营的根基之所在。也就是说，企业必须具备能够让员工从心底赞同、发出“老板说的完全在理，我们都应该按照他所说的全力以赴”这种共鸣的经营理念。

在进行 M&A 的时候，经营者应当首先向被并购企业的员工作出宣言，告诉他们，“我作为新老板，将会依照这样的经营理念来管理这家公司。希望能够得到大家的配合”。并且还必须让被并购企业的员工感觉到“以前的老板只会从早到晚地驱使我们做事。而现在的老板却拥有明确的经营理念，对我们做出的成绩也能给予充分的肯定。这样的新老板值得我们效力”。

第一步必须是这样，经营者要作出承诺宣言，让被并购企业的主管和普通员工都能感到，跟着你这个新老板，绝对要比以前更加有盼头。在进行并购之前，如果你作出了这样的承诺，必然会获得员工对于并购的欢迎。企业在进行 M&A 时，这一点必不可少。

此外，如果被并购的公司处于亏损状态，绝对不可放任这种状态的持续，必须按月向员工们公开公司决算，坦率地告诉大家，“这家公司现在还无法摆脱亏损，前景不容乐观”，以期获得所有员工在认识上的一致。接下来比较重要的一点就是，要继续向众人发出诉求：“我们必须让公司扭亏为盈。所以大家就不能再像现在这样吊儿郎当。只有通过大家的努力奋斗，公司业绩才有可能趋于好转，大家的待遇也才能得到改善。”

◆以救助对方企业员工的心态进行并购

京瓷自身也收购了各种各样的企业。最初收购的是赛伯乐特工业，这是一家生产对讲机的企业。当初是该企业在陷入严重亏损的境地之后，来向我求援，京瓷才同意接管。

在行将进行并购之时，我在京瓷的总部宴请了这家企业的主要领导。在众人推杯换盏、宴会的气氛达到高潮之际，我发言道：“从各位的介绍中可以得知，赛伯乐特工业拥有不少杰出的人才，我坚信我们双方一定能够在一起共同奋斗。在这里就把两家公司的联姻决定下来吧！”至此，两家公司合为一体，为共同重建赛伯乐特立下了誓约。

当时，虽然赛伯乐特已经没有任何对讲机的订单，但是我们大家为了重振事业，不辞辛劳，全力奋斗。最终，以赛伯乐特的通信技术为基础，京瓷开始了移动电话和小灵通的生产，而这些已经成为了京瓷集团今日的支柱产业。

京瓷接下来并购的是生产照相机的雅西卡公司。当时也是濒临倒闭的这家公司主动来寻求京瓷的援助。尽管雅西卡的重建工作充满了艰辛，但是我们没有解雇任何雅西卡的员工，而是把他们派遣到了京瓷和第二电电的岗位上继续发挥作用。因此雅西卡的老员工们现在才会欣喜地感叹："当初被京瓷并购实在是一件好事。假如不是被京瓷收购的话，现在我们中的很多人大概都要流落街头了，而现在我们却有机会从事着带领时代潮流的重要事业。"这样的企业并购，相信对双方来说都是非常有意义的事情。

◆超越种族偏见的 AVX 公司并购案

在 1990 年，京瓷进一步并购了美国的 AVX 公司。AVX 公司当时的销售额高达七百五十亿日元，是美国具有代表性的电子零部件制造厂商。

事实上，京瓷与 AVX 公司之间有着悠久的渊源。在京瓷创立的第四个年头，由于日本市场的开拓遇到了巨大的困难，于是我转而到美国去寻求销售途径。当时我三十岁，京瓷的年销售额也只有一亿日元。刚到美国时，我就去考察参观了位于新泽西州，正处于鼎盛期的美国陶瓷制造业。那时这个工厂的负责人是马歇尔·巴特勒（Marshall D. Butler）先生。巴特勒先生之后曾经在不同公司任职，在我俩初次会面的二十八年之后，他所经营的企业正是AVX公司。

是我首先向巴特勒先生提议："电子产业已经实现了空前发展，我们也迎来了经营全球化的时代。当今这个时代，如果我们不结成同盟，共谋发展，就无法在世界范围内获得成功。阁下是否愿意让贵公司与京瓷合并，并与我一起共事？"

巴特勒先生还清楚地记得当年与我会面时的情景，他回答道："我还记得你来我们公司考察时的情景，现在想起来真是非常令人怀念。后来我从报纸杂志上得知你的公司在日本取得了巨大成功。如果能够与你合作，我当然很乐意。"

于是，我说道："通过两家的合并，我们将必然成为在世界电子零部件产业领域具有领导地位的公司，相信这对于双方的员工也大为有利。并且AVX公司又是纽约证券交易所的上市公司，我们的合并应该也会让股东们为之欣喜。"

当我们双方在商谈并购事宜时，AVX的股票价格在每股二十美元左右。为了进行并购，我提出京瓷愿意在这个价格的基础上再增加50%，也就是以每股三十美元的价格购买AVX的股份。由于巴特勒先生本人就是AVX的拥有者，他表示"三十美元的话股东们一定会很高兴"，于是当场就接受了我的提案。当然，因为京瓷也是纽约证券交易所的上市公司，因此这笔交易就不是用现金购买 AVX 公司的股份，而是用京瓷的股份与之进行交换。

然而，当双方的律师正为合并事宜进行磋商时，对方却又改变了想法，指出“如果购买我方股份的价格不能够再做进一步的提高，将会影响到双方的并购谈判”。在进行企业收购时，一般都应该尽量压价购买才对，因此不管是我方的律师还是京瓷的其他主管都对此提出了异议，然而我却冷静地进行了思考、判断：即便依照对方提出的价格进行收购，是否依然能够回收这笔投资。在此基础上，我力排众议：“他们提出的这个价格可以接受，如果我们无法让对方感到满意的话，这件并购案就没有任何意义。”

之后，对方再一次要求我们提高 AVX 股票的收购价格，为了尽量让对方感到满意，我对于他们所提出的要求全部照单接纳。

最终，我们是以对方的管理层、股东都感到满意，而我方又能够在双方合并之后继续维持运营的价格实现了股份的交换。通过这笔交易，有效增进了对方管理层和股东对于京瓷的信赖感，使得他们对这起合并案表示了大力的支持。

AVX 公司的总部和工厂都设在美国东海岸的南卡来罗纳州，这是美国东海岸最保守的一个州，即便在二战结束以后，这个州也依然对日本缺乏善意。也就是说 AVX 并购案意味着这个州的一家美国公司完全变成了京瓷的一家子公司。事实上，在最开始盛传AVX将被日本公司收购的小道消息时，整个公司内部就是一派“无法忍受让日本人来对我们指手画脚”的气氛。

可是等到并购案完成之后我第一次访问AVX公司时，AVX的员工们却全都站出来表示欢迎。由公司的日裔员工书写的“欢迎稻盛董事长”的横幅贴满了工厂的各个地方。那些原本对日本公司缺乏好感的人们都热烈地欢迎我的到来，这都得归功于AVX的管理层把双方围绕并购所进行交涉的过程全部公布给了公司的员工，并告诉他们：“京瓷拥有杰出的理念，是一家有情有义的公司。”AVX管理层的这种感受，不知不觉在底下的员工当中也得到了传播。

以这种双方的友好关系为平台，AVX公司与并购之时相比，业绩发生了飞跃性的增长。在合并六年之后，又在纽约证券交易所成功实现了重新上市的辉煌。

◆不以强权，而是以德服人

从这个例子可以看出，在进行企业并购时，新的经营者是否能够赢得人心是关键之所在。究竟是利用手中权力使对方屈服并进行管理，还是利用自身杰出的品德和个性来进行管理，根据这两种不同的选择，在完成企业并购后的经营效果也会截然不同。如果是收购方和被收购方双方都能够感到愉快的并购，就一定能够获得成功。

作为并购之后的新企业，经营者不应该利用手中的权力、财力，以及技术实力，而必须是依靠经营者自身的高尚德行来进行管理。经营者应该培养让人心甘情愿、追随不弃的品德，从而赢得对方企业的主动配合。这一点恰是让 M&A 真正获得成功的秘诀。

【经营问答八】

拓展新领域时的成功诀窍是什么

● 问题

本公司是一家以经营冲压钣金和焊接为主成长起来的汽车测试零部件制造厂商。我本人曾在一家著名汽车制造企业的研究所学习过机械技术，之后回到自己家的公司，从我父亲手中接过公司并一直经营到了今天。

我秉持着“在经营企业时永远超前一步”的理念，公司的产品覆盖广泛，从手掌大小的单个机械加工件，一直到汽车用的大型部件都有涉及。并且我们很早就引进了 CAD/CAM（计算机辅助设计技术。——译者注），实现了产品设计的电脑化。再加上我们执行的积极营销策略所发挥的功效，在最近五年中，我们的营业额增加了 2.5 倍以上，员工数量也扩充了两倍多。目前，我们公司的员工总数达到了二百五十人，资本金达到两千万日元。

然而，近年来，由于电脑技术的进步，不再需要制造实物。在完成设计后，仅需利用电脑模拟分析零部件强度的技术在汽车制造业界得以迅速普及。因此完全可以预计，伴随着电脑技术的不断进步，今后汽车制造厂商所需要的零部件试制品数量将不断减少。此外，汽车零部件的通用化潮流，车型更新换代周期的长期化倾向都给我们这样的制造厂商的前景罩上了不安的阴影。

我本来的心愿是让自己的公司从一家中小型企业发展成为更具实力的重要厂商。为了实现这个目标，我计划在新的领域中开创新的事业，使其能够成为企业的另一根重要支柱。由于在以钣金为主体的测试零部件领域受到了市场规模萎缩的严重影响，因此我打算涉足那些能够充分利用公司现有技术的其他领域。也就是说，我的视野都放在了能够运用现有技术、拓展全新事业的新业务上。最初我也进行过论证，想要涉足航空制造产业和电子设备产业，但是由于在成本控制上无法与这些行业的要求实现一致，并且，在技术上也存在着差距，想要弥补这种差距又需要花费一定的时间，因此最终只能放弃这个念头。

最终，本公司还是决定选择我们擅长的汽车制造业，在新材料应用这个全新领域里进行开拓。说详细点就是，在产品的材料应用领域进行开拓，将零部件所用材料从金属换成有机材料，或者以陶瓷材料代替有机材料。我作出这项决策的理由在于：在进行像这样的业务转换时，和我们打交道的依旧是原来的老客户，并且在技术上也有许多和现有技术通用的地方。

我的规划是，要在三年后让新业务的比重上升到现有业务的35%，销售额实现每年二十五亿日元的目标。现在，我为了让公司员工们都能具备忧患意识，每月要召开两次经营会议，每周召开一次计划会议，部署检查业务的进展状况。在向员工说明开拓新业务的必要性的同时，也在少许地接受订单，以期在实践上磨炼自身的技术。

然而与此同时，新业务却无法依照我的意图顺利推进。如何加快新技术的研发速度、提高自身的技术实力等问题更是让我心烦不已。

希望稻盛老师围绕着在陌生领域开创新事业时应该留意的要点，以及应予展开的行动等问题给予指导。

●解答　将自身专长视作事业成败的关键，注重自身能力的培养

◆穿越企业经营多元化这条尸横遍野的道路

从你的介绍中得知，你们公司虽然只是一家中小型企业，但却能够先期引进CAD/CAM技术，实现了企业销售业绩的迅速攀升。因此我感到你本人正是一位具有远见卓识的优秀经

营者。

你刚才陈述到，希望能够让自己经营的、尚属于中小型企业的公司跻身大企业的行列。然而在企业成长过程中，如果市场规模过小，企业发展就容易受到限制，因此多元化经营就显得必不可少。

然而，企业经营的多元化就像是攀登一座陡峭险峻的高山，需要在自身支柱业务领域与众多对手进行苦苦竞争的同时，还要按照企业的多元化战略涉足其他全新的领域。随着各种业务的展开，企业精力也将被分散，理所当然会因此对企业经营产生不利影响。

我过去曾经与华歌尔（Wacoal，日本著名的女性内衣品牌厂商。——译者注）的塚本幸一总裁（时任）之间有过一段对话。我对他说："华歌尔作为一家女性内衣厂商可以算是非常成功，你们不如再乘胜出击，进军女性时装市场。反正你们公司的营销对象都是女性顾客，应该不会有什么问题。"

没想到塚本先生却摇头道："如果是那么简单的话，大家就不用这么辛苦了。就算我们在女性内衣市场上获得了成功，也不能保证就一定能够在女性时装市场中也同样取得成功。比如，我们也推出了睡衣类的居家服装，然而，由于华歌尔在这个领域算是半路出家，因此到现在仍然效果不佳。"

从这段对话中可以看出，即便是只手铸就了华歌尔王国的塚本先生也并非能够轻易地涉足女性时装市场。女性时装的款式风格变换迅速，市场划分极其细致。虽然都属于服装类，但是由于内衣与时装之间各自所要求的风格和设计存在着非常大的差异，因此就算华歌尔稳坐女性内衣业的头把交椅，也仍然无法保证自身在女性时装业的成功。

二战结束后，曾经有一段时间日本媒体拼命鼓吹“无法实现经营多元化的企业不可救药”的论调，为多元化猛唱赞歌。不少日本企业受到这种论调的蛊惑，进行了多元化的尝试。直到最终纷纷遭遇挫折后，才马上改变了态度，认为“到处扩张、蜻蜓点水式的多元化对于企业而言毫无用处，终究还是应该专注于自身的本行”。

事实也正是如此，多元化并不是一件容易的事情。在熟知各种不利因素的情况下依然想推进企业经营的多元化，对于企业的经营者来说，这就意味着必将承担巨大的辛劳，为此所需要的精神和毅力绝非常人所能具备。因此，我做过一个比喻就是：企业经营的多元化进程就有如攀登险要的山峰。

京瓷最早就是以生产电视机显像管上的绝缘部件起家的。这是一种以我本人开发出来的精密陶瓷技术为基础的产品。当时随着日本电视机的迅速普及，这种产品的销量也一路增长。然而我却一直都怀有危机感，担心随着技术的进步，这种产品终究有一天会被淘汰出局。

如果企业拿不到订单，员工就将流离失所。正是这种危机感促使我四处拜访客户，对于客户提交的那些我们从来没有做过的、复杂程度较高的产品订单，我也是一口承诺下来，然后投入到忘我的开发研制工作中。通过这样的方式，京瓷的生产规模逐渐得到了扩大，员工数量也随之增加。如此一来，为了让新进员工也不会流离失所，进一步地在新的领域拓展业务又变得势在必行。正是在这样的循环过程当中，京瓷实现了自身的成长，不断拓展着新市场和新业务。在企业多元化的过程中，京瓷最终得以进入像移动电话和复印机这样的全新领域。

企业如果不能够锐意进取，就有可能因此而陷入绝境。以这种危机感和焦虑感为动力，我不断展开新产品的研发，推动企业经营多元化的进程。为了让手下员工的生活得到保障，我一次又一次地攀登着那些陡峭的山峰。正是在这种努力的不断延续中，京瓷才得以发展壮大至今。

◆由于推行多元化而蒙受损失的钟纺公司

我认为在推行企业经营多元化的尝试中，教训最大的公司应该算是钟纺。钟纺是一家创始于明治时代的棉纺业公司。从明治维新开始，在日本朝着近代化国家发展的过程当中，棉纺业一直都是日本的主力产业，而钟纺在这个产业中则拥有首屈一指的地位。钟纺的业务涵盖了各个领域，到二战爆发之前，它已经发展成为一家具有代表性的日本大企业。

在二战后的日本高速成长期（二十世纪六七十年代——译者注）期间，钟纺进一步加强了企业多元化的力度。风华正茂就担任钟纺总裁的伊藤淳二是一位非常独特的经营者，他提出了五角形经营的理念，标榜除在纺织业之外，钟纺还要确立由化妆品、药品、食品、住宅不动产等五个支柱领域构成的多元化经营。他的雄伟计划是，要通过在完全互不相关的领域全面展开各项事业的方式，实现钟纺向更大型企业的跨越。

然而，等到这个计划开始具体实施时经营者却发现，钟纺在药品和食品领域与既有的专业厂商展开了白热化的竞争，进而在经营上陷入苦境。在这些新业务进展不畅的同时，作为钟纺主打业务的纺织部门又由于石油危机和日元升值而遭受到沉重打击。最终，钟纺只剩下化妆品部门还能保持盈利，而其他所有部门的业绩都出现恶化，最终导致钟纺的负债不断膨胀。

当时，钟纺在经营自身的主打业务，也就是纺织业已经陷入严峻的困境，而这时还要选择进一步开拓其他四个新的业务领域，这就无疑在市场营销、技术开发、设备投资、资金运用等各个方面给公司造成了极大的负担。企业的经营者由于需要针对各项业务作出各种重要判断，因此也就必须具备坚强的精神和意志。然而当经营者的精力被过多的业务分散时，就有可能在经营判断上出现失误，进而导致企业经营的恶化。在进行多元化尝试时，企业经营所面临的难度会呈几何数量的增加。

普通企业经营者一般多会有“只要有饭吃，做一家中小型企业也就满足了”的想法。但是对于那些为了企业将来的发展，鼓起勇气想要在多元化的道路上奋勇前行的经营者而言，我建议还是应该在自身专长的延长线上推动企业经营的多元化进程。

这是因为，如果是自己专长的领域，那么经营者就能够充分把握各方面的情况，并且由于技术、经营以及销售渠道都是现成的，风险就要比涉足一个全新领域小得多。与此同时，也有利于新业务与现有业务之间产生协作效应。有鉴于此，我才一再主张：“在进行企业多元化经营时，绝对不能把战线拉得过长。为了不让竞争对手吃掉自己，必须通过将每一步棋子都连接起来的方式来推动企业的多元化进程。”

你们公司现在无疑正准备攀登一座从中小型企业到大企业之间的山峰。你在引进 CAD/CAM 等新技术，有效提高了企业业绩的同时，打算今后在企业现有技术的延长线上开拓诸如新材料应用之类的新事业。我认为你的这个方针非常正确，你完全可以依照这个方针去推进公司的多元化进程。

◆以未来进行时态对待自身的能力

你刚才说，虽然想在新的领域开拓事业，但是由于公司员工缺乏危机感，因此即便获得了新的订单，也难以开展相应的研发和生产活动。如果这种情况继续下去，就无法生产出新产品，公司订单也就会随之减少。居安思危，在公司状况还算良好时推动新产品的研制开发，非常重要的一点就是要让员工都感受到危机。

然而，我想你们公司之所以在新产品的开发上裹足不前，或许不仅仅只有这一点，我感觉也许还有一个原因，那就是这项新技术的研制开发难度极高。虽然你们的营销人员辛辛苦苦地从客户那里拿到了新产品的订单，但是你们的技术部门却基于现有技术实力作出判断，认为以公司现有的能力，根本无法开发出客户所要求的这种新产品。于是在新产品的研发上刻意推诿拖延。

在京瓷还只是一家小工厂，技术和资金能力都极其匮乏的时候，我为了获得新的订单，每天都奔波于不同的客户之间。由于京瓷那时只不过是一家无名小厂，因此我们能够拿到的订单内容都是些因为技术难度极大，被我们那些实力雄厚的同行所拒绝的产品。如果我也回绝掉这些订单，那么京瓷就难以再获得新的订单，京瓷的前景也将变得更加渺茫。一想到这些，我对于那些看上去即便以现有技术几乎无法研发出来的产品，也是一口咬定“我们做得出来”，不顾一切地把订单接了下来。

在签约的时候，为了获得客户的订单，虽然我会作出诸如

“半年之后就能够拿出试制品”之类的承诺，然而一旦我们无法按期交货，那么客户就不会再与我们打交道。因此，尽管我无法正确预测在承诺的期限以内，以京瓷的技术实力到底能够达到什么样的程度，可是如果不愿意承担这种风险的话，我们的技术实力也就不可能得到提升。正是出于以上的认识，所以我才大胆接下客户的订单。

签完订单回到公司后，我会立即召集公司屈指可数的几名技术人员，向他们做详细说明，告诉他们哪一种部件是为客户的哪种产品而制造的，具有什么样的用途。虽然这种部件的研发生产需要利用目前我们尚不具备的全新技术，但是如果一旦研制成功，一定会成为一个具有划时代意义的产品，并且也能够让我们公司的技术实力得到飞跃性的提升。我相信，如果按照某种方法通过不断试验来进行研发的话，一定能够获得成功。然后再想办法对现有设备进行相应改造，那么研发出来的产品也一定能够得到量产。为了能够激发众人的斗志，我尽可能地告诉他们新产品在技术上所代表的意义、需要具备的性能以及我为何要选择研发、生产这种产品的理由。

最后，当我向各位技术人员询问“什么时候能够研制成功”时，这些技术员中会有人提出“我们公司并没有相应的技术和设备”，并列举出各种无法实现的条件。虽然我确实签订的是以现有技术被认为无法实现的产品订单，但是也并非就是说完全没有可能性，如果我们就此放弃的话，那么企业的发展也就无从谈起。所以我会这样对他们说：

“依照我们公司现有的技术和实力，你们说的确实没错。但是人的能力是能够随着时间的迁移而不断增长的。现在认为是不可能的事情，或许半年后就会成为可能。如果只基于现有能力进行判断，那么创新型的技术开发就永远都不可能实现。所以我们为什么不以未来进行时态来判断自身能力、坚信一定能够实现并为此而奋斗呢？”

在进行全新技术的研发工作时，经营者必须确立远大的目标，以未来进行时的态度来对待自身能力。企业的经营首脑在作出抉择的同时，还必须激励研发人员能够为此奋发而起，发出“半年时间内一定能够将这种产品研制出来，为了实现这个目标，让我们现在就开始动手”的声音。

企业员工没有危机感并不意味着企业的产品研发就会因此而无法开展。你自身必须相信人的无限潜能，然后以身作则，率领手下的员工们一路向前。只要能够做到以未来进行时态来对待自身能力、为实现企业经营多元化的梦想而努力奋斗的话，成功的大门就必定会为你打开。

第三章

基于合伙人理念的企业经营

创造超越劳资双方立场差异的企业文化

● 劳资对立的企业构造将会招致恶劣影响

我在大学毕业之后就进入了松风工业。当时这家企业的劳资关系异常紧张，企业内部人心荒废，业绩惨淡不堪。基于那个时候的体验，我逐渐认识到，如果劳资双方陷入对立，那么企业员工就无法在工作中寻找到幸福和喜悦。

之后我离开了松风工业，于 1959 年创办了京瓷。当时的日本正恰逢工潮运动此起彼伏的时代，劳动者开始为自己的权益而振臂高呼，但是企业的经营者们却依然忽视劳动者的立场和权利，因此劳资双方的激烈冲突层出不穷。在京瓷创建的第二年，日本各地掀起的“安保斗争”（日本大众在1960年左右，为了反对《日本安保条约》的签订而掀起的大规模社会运动。——译者注）也波及了工会运动，日本各地劳资斗争频发。

在这种社会状况下，再加上位于京瓷诞生地的京都左翼力量的势力又极其强大，因此受到整体大环境的影响，在进入京瓷的员工当中，抱有偏见、拥有“劳动者受到了企业经营者剥削”认识的人不在少数。但是对一家刚诞生没多久的企业而言，劳资双方的对立必将影响到企业的生存。因此我从内心深处希望能够将京瓷建设成一家没有劳资对立、所有员工都能团结一致为企业的发展而共同努力的公司。

在美国开办会计师事务所和律师事务所时，存在着一种叫作“合伙人（partnership）”的公司制度。这种制度是指作为公司共同经营者的“合伙人”们在承担连带责任的同时，对自身组织进行管理和运营。我当时意识到，如果京瓷也能够像这样成为一个“全体员工都是经营者”的团体，那么自然也就能够成为一个所有人都齐心协力的强大组织，然而遗憾的是，在当时的日本还没有这样的企业形态。

• 依照大家庭主义来经营企业

但是我仍然认为最理想的企业形态就是能够让全体员工为

了企业的发展而共同协作，于是我开始不断在心中思考到底是否可以用这样的方式来经营企业。当时我所想到的企业成员间应有的人际关系范本就是“家庭”。虽然近年来似乎有所变化，但是在日本传统的家庭当中，父母疼爱子女，子女体谅父母，家庭成员之间相互关爱，共同为了整个家庭的繁荣而齐心协力。

所以我当时就决定，要让企业也能够和家庭一样，经营者和员工之间不再是对立关系，而是像父子兄弟一般，相互帮助，相互鼓励，同甘共苦。在企业中，如果经营者与员工之间能够结成像家庭成员那样的关系，那么经营者就自然会尊重企业员工的立场和权利，企业员工也同样会像经营者那样，为了企业的利益而付出努力。我把这样一种劳资关系称作“大家庭主义”，并将其确立为我所进行的企业经营的基本理念。

● 超越劳资立场差异的共同经营理念

当然，如果仅仅发出呼吁，就想让大家在公司里相互之间能够像家人一样彼此关心，这样是绝对无助于改变员工的固有意识的。因此，在把整个团队成员的心团结到一起的同时，还有最重要的一点——超越劳资间的对立，创造能够被所有员工共同接受的经营目的和经营理念。

京瓷在创业之初就将经营理念设定为：在追求所有员工获得身心两方面幸福的同时，为人类及社会的进步和发展作出贡献。如果立足于这个经营理念，那么企业就将不再是为了经营者，而是为了追求所有员工获得身心两方面幸福。企业员工也就不再会有任何疑虑，从而全心全意地为企业发展添砖加瓦。

这里所说的“所有员工”意指包括了作为企业经营者的我本人在内的所有公司员工。由于京瓷在创业之初就确立了这个能够得到全体员工认同的经营理念，从而得以超越劳资之间的立场差异，塑造出了团结协作的企业文化，并让这种企业文化发展为京瓷的坚固基盘。

● 京瓷的员工联谊聚餐会

并且，为了加深与员工之间的个人信赖关系，促进企业全体成员的一体感，我还会举办员工联谊聚餐会。这种联谊聚餐会是一个让我能够与员工进行坦诚交流，同时，又可以让众人了解并接受我的理念的重要场所。对于企业员工而言，在这种联谊聚餐会上，通过与老板一起喝酒、直接交谈的机会，直接了解经营者的个性风格，加深彼此感情。

自从我创办公司以来，只要有机会我就会举办这样的联谊聚餐会，在轻松的气氛之中，与员工们促膝饮酒，谈论人生、事业等各种话题。通过这样的方式，花费足够长的时间，与尽可能多的员工进行交流，我逐渐与我的员工们建立起了彼此信赖的人际关系。

像我这种重视心与心之间交流的经营方式，作为企业的经营者，只要想做都必然能够做到。事实上，在盛和塾学员当中，有许多人已经确立了自身企业的经营理念，并为了将这些理念变为现实而与员工们同心协力、共同奋斗。作为盛和塾的学员，他们经营的企业即便在目前严峻的经营环境当中，也依然能够脚踏实地地实现业绩的增长。

【经营问答九】

当企业业绩下滑时，应该如何进行工资制度改革

• 问题

我们公司在本县范围内拥有二十四家加油站，再加上汽车检修厂、二手车销售店等，现在总共经营着二十九家店铺。

当年我刚进入现在这家公司时，燃油销售行业还享受着国家政策的保护，大环境有利于企业收益的增长，所以本公司那时不管是营业额还是利润率可以说都是顺风顺水。然而，后来国家针对燃油业的保护政策开始出现松动，直至最后被完全废止。我刚好就是在那个时候就任了公司总经理一职，自那以后的三年间，石油产品的毛利剧减了一半左右，这也就是说，燃油销售的毛利也减少了一半。

在这种情况下，我一头扎进了改革之中，努力摆脱本公司内部所执著的、这个行业特有的安于现状的意识，并同时努力提高公司的利润率。最终，在营销成本不变的前提下，公司实现了销售额的上升。

然而，由于石油产品的毛利依旧在持续减少，因此我开始强化汽车检修工厂、二手车销售店等其他领域的业务，确保公司不再完全依赖石油产品的利润构造。但是公司到现在为止依然无法获得与前述这些投资相匹配的利润。因此，我们本来准备进行的店铺改装、开设新店铺的计划都陷入了资金不足的窘境。

为此我判断，我们只能在降低人员成本上想办法，于是我开始考虑在公司内部实行提前离职的制度。但是，自从我就任公司总经理以来，那些不思进取和能力有限的员工都早已离开了公司，因此现在的情况是，在公司里再也找不到适用于提前离职制度的员工了。有鉴于这种状况，我正在考虑不再进行人员削减，而是从明年开始，将现有的以工龄为主体的薪酬体系改为由职务工资和绩效工资为主体的薪酬体系。

本公司迄今为止的员工薪酬体系是由60%的工龄工资加40%的绩效工资组成，以至于每当我们想要改善公司的毛利润率时，只能在员工的奖金额度上打主意，结果员工的实际收入并没有发生太大的变化。不过，我们将要重新导入的这套薪酬体系准备把与业绩关联的绩效工资比率调高到60%，岗位工资则定为40%。也就是说，我打算把员工工资的60%改为反映员工业绩的绩效工资。

我计划首先按照公司的毛利润率来确定下一年度的人力成

本费用总额，然后再在这个金额的基础上，根据员工的具体业绩和职务来决定员工所应获得的薪酬。通过这种方式，预期将能够省下3%的人力成本费用，以确保公司继续发展所必需的投资资金。

虽然这项改革已经获得了公司员工的理解，但是等到具体执行时，我相信在进行与绩效工资认证相关的人事考核，以及由于业绩原因造成员工收入出现大幅变化等问题上将会出现各种各样的矛盾和摩擦。

我希望能够得到稻盛老师的建议，赐教在进行这样的工资制度改革时，有哪些应该予以留意的地方。

•解答　根据绩效浮动工资的做法只会产生反效果，不如争取员工理解，实现全员工资的整体下调

◆不论升降都会产生矛盾的绩效浮动型工资制度

你提出了一个攸关员工待遇的重要问题。作为公司老板，你如果向底下员工发出信号，说明“公司要实行与业绩连动的工资制度。如果能够取得良好的业绩，个人工资将会随之增

加，但是如果业绩出现恶化，个人工资就不得不下调。因此希望能够得到大家的体谅”。想必员工们还是都能够表示理解。

然而，就算大家明白这个道理，可是一旦业绩出现下滑、员工工资因此大幅减少时，情况就必然会有所不同。举例来说，如果自身工资收入减少了40%，那么即便是那些曾经支持绩效浮动型工资制度的员工也同样会感到不满。

考虑到这种状况，作为公司负责人的你也必须体谅员工的处境。算一算，40%幅度的工资削减未免会给员工的生活质量造成沉重的影响。于是，说不定最终还是会决定把减薪幅度控制在20%的程度。事实上，如果一家企业的经营者连这样的同情心都没有的话，手下的员工必然会与之离心离德。然而，如此一来，所谓的绩效浮动型工资制度也就变得有名无实。

反之，当企业取得了极其优异的业绩时，同样的情况也仍然会出现。对于普通员工而言，在经历了由于企业业绩不佳而导致自身收入下降的惨淡境遇之后，随着企业业绩的恢复，工资也会随之增加，员工们自然会为之感到欣喜。可是当需要把员工工资提高40%的水平时，这回又该轮到你来忧虑，“这样大幅度地给员工加工资不知道会不会给企业运营造成影响”。虽然你确实列出了公式，要按照这种模式来制定公司的薪酬体系，然而等到真要执行时却未免又会产生动摇，本来按照公式计算应该是增幅40%的员工加薪计划，最终等到具体实施时却也只有20%。结果，不管是员工工资的调增还是调降都会造成矛盾。

人性的弱点使得我们在很多时候，即便在理智上能够明白的道理，在具体实施时，都会由于受到感情因素的影响而无法得到执行。

◆即便在工资制度倾向合理主义的美国，京瓷也依然是以劳资关系为重

那么，以合理主义著称的美国企业又是怎样一种状况呢？京瓷集团在美国本土拥有数家企业，雇用的员工大约有一万人。有的人以为美国企业在工资制度上一定比较理智，采用的是绩效浮动型的薪酬体系。然而事实却并非如此。

京瓷集团在美国的企业，普通工人采用的是按劳动时间计算的时薪制，担任管理职务的员工则采用的是月薪制。员工工资的增加虽然同样是以企业业绩为基准，但是具体的执行模式则是在参照同行业平均工资水平与企业业绩状况的基础上，本着“这段时间，企业员工都很尽力，所以还是让员工工资的增长幅度略高于同行业平均水平为好”的态度来决定企业员工工资的平均增长幅度。

当然，这些企业在工资调整方面也不是一概而论，那些对企业贡献卓著的员工的工资增长幅度确实要高于企业整体的平

均水平，而那些工作效率不佳的员工的工资增长幅度则相应的要低于平均水平。例如，当一家企业员工工资平均增长 4% 时，优秀员工的增幅却有可能是6%，而那些工作效率较差员工的增长幅度则只有2%。也就是说，虽然我们在美国的企业没有采用像日本这边企业一样的工龄工资制，但是同样也会每年都往上调长企业员工的工资收入。

不过需要注意的一点是，京瓷在美国雇用普通员工从事同一种工作时，不管这个雇员的年龄是二十岁还是四十岁，两者之间不会有任何的工资差别，这一点不像是日本企业。在日本，雇员的年龄差异在这种情况下会具体反映到雇员的工资上去。但是在美国，一旦员工受聘进入了京瓷的某家企业，其工资收入就会与日本企业的一样，逐年往上升。

与普通员工不同的是，美国企业的管理层人员所实行的是绩效浮动型的薪酬体系，即“年薪+奖金”。美国企业管理层人员的年薪虽然是固定的，但是在奖金方面却明显受到企业业绩的影响。基本上就像是“作为企业的管理者，公司付给你的年薪是二十万美元，但是，如果企业今年的业绩与去年相比出现了增长，那么公司就会依照业绩增长的幅度，再向你支付相应比例的奖金”。举例来说，假如今年企业的业绩表现不俗，实现了高于去年一倍的利润增长，那么公司就还将再支付相当于你二十万年薪的高额奖金。

并且如果是上市公司的话，还会针对高管层人员设置优先认股权（stock option）制度。所谓的优先认股权，举例来说，假设一家公司在年初时的股票价格是一股二十美元，根据公司的优先认股权制度，这家公司的经营者被赋予以二十美元的价格购买一万股本公司股票的权利。由于公司业绩上升，这家公司的股票价格也随之从二十美元涨到了五十美元，于是这家公司的经营者就能够行使自己手中的股票，仍然以二十美元的价格购买一万股本公司的股票。如果他再转手将这些股票在股市出售的话，就能够赚取一股三十美元，总共三十万美元的纯利。通过这样的方式，虽然这位经营者的年薪只有二十万美元，但是却能利用优先认股权制度将自身所得报酬再追加三十万美元。

与此同时，即便公司业绩下滑，公司股票跌落到了二十美元以下，只要这位经营者不兑现自己手中的股票，他就不用担心自己会遭受任何损失。总之，美国企业对高管层一般都设置有像这样的大手笔奖励机制。

因此在美国，当企业业绩出现上升时，企业高管们不但奖金会增加，同时还能够利用优先认股权获利，所以他们自然会感到心满意足。但是，当企业业绩不佳时，这些高管们也会抱怨道："我为公司不辞辛劳地做了这么多，现在由于电子行业的整体状况不断恶化，才导致了我们公司的业绩出现下滑。这不仅使得我本来应该获得的奖金全都泡了汤，而且连手中的优先认股权也变成了废纸。要是照这样下去，我的干劲将会大受打击。”

从这里我们可以看出：就连那些讲求实际、遵循理智的美国职业经理人，当他们自身利益遭受到损失时，也不愿意接受所谓的常识。他们对于绩效浮动型的薪酬体系，只有在自身薪酬增加时才会说“YES”，而一旦薪酬下降，也同样会说“NO”。不论企业业绩好坏与否，他们永远都只在意自身薪酬是否能够做到只升不降。

不管是在美国，还是在日本，每当企业制定工资制度时，任何人都会对“企业业绩出现下滑时，员工薪酬也应该随之进行调降”这个道理表示理解。然而，等到发现自身薪酬实际被减少时，众人在感情上却又会觉得难以接受。因此我们必须记住，这就是人性。

◆与其采用扰乱人心的绩效工资，不如实行员工工资的整体下调

你因为公司的传统业务已经难以创造利润，所以准备在其他领域进行投资。为此，你为了确保这笔投资所需资金，打算将公司现有的工资制度转变成绩效浮动型工资。也就是说，你一门心思琢磨的都是通过削减人力成本来增加公司利润，却似

乎没有考虑到，如果你公司业绩出现好转的话，员工工资也会随之上调，造成公司人力成本负担的增加。

虽然诚如你所说，你公司目前最大的问题是过低的收益率。然而，你们公司无法提高收益率的根源在于石油产品毛利的急剧降低。在这种情况下，作为公司的管理者必须要做的事情应当是提高公司整体的生产效率，比如让迄今为止由两个人承担的工作改由一个人来做，而那些一个人做的工作则应该把所需时间缩短一半。

然而，由于你已经在公司内部实行了提前离职制度以及理念上的改革，因此你感觉进一步提高公司整体工作效率的空间和可能性都非常有限，所以你才会打算在公司内部引入绩效浮动型的薪酬体系。但是，假如我是你的话，是绝对不会这么做的。

我之所以这么说的理由在于，如果实行绩效浮动型的工资制度，公司员工的心态就会被打乱。那些配属到业绩优良的部门的员工自然会为这种工资制度感到欢欣鼓舞，然而对于那些不幸被分到业绩不佳的部门的员工而言，不管他们如何辛劳，工资收入水平都只会一路下降。对我个人来说，最担忧的事情就是，当企业全体员工都围绕在企业经营者周围为了共同目标而努力奋斗时，却由于绩效浮动型工资制度的实行造成了企业人心的涣散。我认为不如干脆向全体员工直接说明企业现在的实际状况，以一碗水端平的公平方式来获得认同，共同承担。

如果你能够如此向自己的员工进行解释："由于石油产品毛利持续低迷，再这样下去，我们公司将难以确保利润。但是，因为我们的各个加油站至少也得配备一两名员工，所以想在现有业务方面提高生产效率几乎是不可能。为了摆脱这种困境，我们公司不得不选择开拓新的业务，但是我们现在又缺少这方面的资金。所以，我衷心地感到歉疚，在今后一段时期，包括作为总经理的我本人在内的所有公司人员薪酬都会一律降低。在此期间，希望公司所有同仁能够齐心协力，让公司的新业务早日走上正轨，从而使公司业绩能够尽快得到改善。很有可能在最近这几年中，大量的加油站会被淘汰出局，整个行业的竞争也会趋于正常，一个能够获取适当毛利的时代即将到来。但是在眼下，我们还是必须通过降低自身薪酬的方式来熬过这段寒冬。"我相信这种说词一定能够获得他们的认同。

◆京瓷也曾经基于危机感，冻结过员工工资

在日本经济处于高速成长期的时候，由于通货膨胀的影响，日本人的工资水平在很长一段时间里都是以每年 20% 的速度保持递增。然而就有如要为这种状况推波助澜一般，其间爆发了第一次石油危机（1973 年，第四次中东战争的爆发使得世界油价猛涨了两倍以上，石油供应也同时出现了恐

慌。——译者注），世界经济陷入低迷之中，日本国内也发生了剧烈的通货膨胀。由于日本是一个以加工贸易作为立国之本的国家，在这种状况下，如果任凭劳动者工资水平一路攀升，那就会丧失出口竞争力，日本经济也就会随之陷入衰退。

这场石油危机的威力同样也影响到了京瓷。当时京瓷员工的工资增幅也是保持在每年20%的水准之上，然而石油危机的影响导致京瓷的订单剧减，如果仍然在员工工资上保持以往增幅的话，整个公司的运营就有陷入绝境的危险。为此而感到忧虑的我向京瓷的员工工会请求道："如果再这样下去，我们公司将会遭遇灭顶之灾，希望你们能够同意冻结一年的员工工资。"工会方接受了我的请求，回答我说："如果是这样的话，我们同意明年不必增加京瓷员工的工资水准。"就这样，在其他公司仍然保持员工工资约20%的年增长幅度的时候，京瓷员工的工资水平却被冻结了起来。

如此一来，京瓷的竞争力自然也就得到了进一步的提升。作为劳资双方能够团结一心、共同协作的结果，一年之后，京瓷的业务得到急速回升，取得了傲人的成绩。于是在员工工资被冻结的第二年，作为返还，京瓷在累加了去年被冻结工资的基础上，给所有员工增加了工资，并发放了相应的奖金。

就像这样，如果能够妥当地向自己的员工解释清楚公司当前面临的问题，公司员工应该会体谅到公司的困境，并予以配合。既然当年我在手下员工规模超过两千人的时候能够做到这一点，那么我相信现在的你也同样能够做到。并且从长远角度来看，这种方式也有助于增强员工对企业的信赖感。

【经营问答十】

为了提高工作效率而不允许员工加班，这种做法是否合理

● 问题

我从一家审计事务所辞职后，开设了自己的会计师事务所。事务所的工作内容是以会计处理和报税为中心，同时也兼顾遗产税申报、审计、咨询顾问等其他相关业务。现在我的事务所的资本金是一千万日元，员工十多人。

今天我想要就工作效率与加班之间的关系进行提问。会计师事务所自创立以来，按照前辈同行的建议，我制定了这样的一个规定：除了在个人所得税申报这样的繁忙时期，事务所的员工必须在每天下午五点准时结束手中的工作，我不允许任何加班的行为。在早上九点到下午五点的正常工作时间之内，我要求员工注意维持较高的工作强度，以实现有助于提高工作效率的精干型经营体制。

作为评判工作效率的标尺，我在掌握每一位员工从自身客户那里所创造的营业额后，减去相关人力成本等各种费用，计

算出员工贡献给企业的详细利润，并由各个部门制作各自的损益计算表。虽然金额不多，但是我事务所的员工们都能够参与分红。为了明确公司经营目标与员工分红之间的关系，每个月的公司决算和每位员工的营业额都会被完全公开。

为了让我的理想和观念能够获得员工们的理解，我每个月都会举办两次事务所员工的联谊聚餐会，以加深与员工之间的沟通和交流。由此，员工们渐渐地开始能够理解我的理念，与我的关系也变得更加亲密起来。好几名员工都非常合作，在工作上显示出了积极主动的姿态。

目前，在我的会计师事务所，只有我一个人会加班到深夜。然而我现在知道，京瓷不单是公司负责人，全体员工也都能够为了公司而努力作出贡献，正是因为这种企业文化，才使得京瓷实现了惊人的发展。再加上稻盛老师经常教导我们：不光是企业经营者，还应该让企业主管们也参与到企业的经营活动中来。所以我开始对自己让手下员工必须按时回家的做法是否恰当产生了怀疑。

我们事务所的营业额每年都按照 10% ~ 15% 的速度在持续增加，通过将比较简单的工作指派给临时工处理的方式，尽可能地避免了员工加班。但是员工们虽说都是按时下班，但这并不意味着公司业务状况就真得比较从容有序。随着事务所各项业务的不断扩充，如果现有员工人数不变的话，我相信在今年之内，事务所改变现有政策、开始允许加班的做法最终将无法避免。

虽然以前就曾经有过员工提出要求“希望能够加班”，但是我都以“如果你都按照在规定时间内完成工作的要求安排好手中工作的话，那么你就应该能够提高工作效率，按时完成工作”为理由，拒绝变更我自事务所创设以来一直执行的这项经营方针。

其实我心里无法确定，一旦允许员工加班，是否会因此导致我辛辛苦苦在事务所内部确立起来的高效的工作效率受到动摇，并且是否会有人纯粹为了多赚取加班费而故意拖延工作以加班。并且另一方面，我又感到自己的这种想法岂不是与稻盛老师所推崇的、企业的经营者要和员工建立起宛如家人一般的人际关系的说法互相矛盾？

如果老板不能够首先信任员工的话，老板自己也将同样无法获得员工的信任。我已经开始在反省，自己与员工之间的关系是否有些虚假，并且现在正为是否允许员工加班而感到迷茫。我希望在这个问题上，能够得到稻盛老师的指教。

●解答　让全体员工都参与经营活动的同时，确立专业化薪酬体系

◆绝对不能制造导致内部对立的关系构造

我认为你的提问中包含着一个根本性的问题。

你的前辈朋友们告诫你，如果容忍手下员工干活时磨磨蹭蹭，一直拖到加班以赚取加班费的话，企业的管理将会难以维持，因此“必须让手下员工在规定时间内完成工作，最好不要让他们加班”。所以你也认为，如果能够要求员工在规定时间里以高强度的工作方式创造成果的话，这就足够了。你的做法，其实是一种只把自己当成经营者，剩下的其他所有员工都只是雇工的关系构造。在这种关系构造下，你除了自己一个人去加班到深夜以外，别无选择。你的员工只不过是与企业经营活动毫无关系的雇工而已，只需按照你的吩咐行事便已足够。

然而如此一来，很自然地会在劳资双方间产生一条鸿沟，根本不可能再指望建立什么劳资双方共同参与企业经营的合伙人关系。之所以会这样，是因为经营者心中并没有把一起共事的员工放在自己的一侧，而只是想撇清关系，一副“你们大家都仅仅是我的雇工而已，我只要能够利用廉价工资让你们为我做事就没问题了”的态度。

当然，或许正是因为你内心的贪婪，才会驱使你这样去做。我这样说的根据在于，你的想法是：将员工从上午九点到下午五点所创造出的利润，根据员工的具体业绩给予分红。

资本主义最初出现于欧洲，它催生出了在公司中只有经营者才能够成为雇主，而其他所有人都只能是雇工的这种对立构造。虽然后来又慢慢出现了被称作股份制公司的公司形态，然而经营者与劳动者之间在利益上的对立关系却依然没有得到任何改善。后来在股份制公司中又出现了董事制度。

受赐于董事制度，公司经营者可以对新任董事说“你从今天开始就进入了公司的经营管理团队，请你一定与公司老板保持一致的立场，共同维护公司的利益”，从而使得公司共同经营者的人数得以增加。这种制度使得被任命为公司董事的人能够产生与公司经营者完全相同的感受，从而为了公司甘愿工作到深夜。然而在现实当中，由于某些公司董事无法摒弃自己不过是受雇于人的惯性思维，在管理公司时，依旧会产生被动意识，这就进而导致虽然是股份制公司，但是在经营活动中仍然频频产生各种问题。

◆让公司全体人员都来一同扛“轿子”

我在二十七岁那年创办京瓷的时候，自己担任的是公司董事兼技术部长一职，公司总裁一职由向我提供了援助的宫本电机（一公司名）的宫本男也总裁兼任。副总裁则由与我一道辞去松风工业的工作、年长于我的青山政次先生担任。京瓷是以这种体制开始了最初的发展。然而宫本总裁虽然会为京瓷的事务提供意见和建议，但并不是每天都会来公司，作为副总裁的青山先生又基本上不管事情，因此，身为技术部长的我不得不对京瓷的制造、营销以及研发等方面都负起责任，躬身亲为。

那个时候在公司里负责经营职责的，包括我在内一共只有三人，剩下的都只是普通员工。这种状况让我无法忍受作为一名企业管理者所感受到的孤独，同时企业运营自然也难以得到顺利的开展。有鉴于此，我想出的对策是：破除企业内部管理者与员工、资本家与劳动者这样的对立构造，实行让所有员工都能够参与企业经营的“全员参与型经营”战略。

如果把公司比作轿子的话，一般公司多是老板独自一人坐上轿子，然后指派手下员工来肩扛手抬公司这个“轿子”。而坐在轿子上的老板则挥舞着手中的鞭子，喝令着底下的员工：“你们都必须按我的要求往前走！”这就导致上下之间无法建立信赖关系，使得轿子里的人不得不时刻提防什么时候被掀落下来。

我觉得，作为企业的经营者与其像这样随时都担惊受怕，不如一开始就不要坐上轿子，而是与众人一起来扛“轿子”。

也就是说，通过让所有人都来担负公司这个“轿子”的方式，实现全员参与型的企业经营。

如果在企业的经营形态中能够让全体员工都成为企业的经营者，那么这家企业必然能够成为一个强健的协助组织。然而在当时的日本却没有这样的经营形态，于是我开始尝试着在京瓷内部，以全体员工之间相互关爱、苦乐同当的家庭般的关系为基础，实行“大家庭主义”式的企业经营。

为了与企业员工之间进行心与心的交流，培养像家人一样的信赖关系，我在公司里经常举办联欢聚会。在聚会的酒桌上，在与手下的员工们开怀畅饮的同时，谈论各自的心事。我与员工之间这种有如伙伴似的交往加深了彼此之间的信任，结下了超越各自作为企业管理者与普通员工立场的私人情谊。

◆因为都是企业合伙人，所以全体员工都能够获得企业的股份

在京瓷还没有上市的时候，为了实现所有员工都是企业共同经营者的经营模式，我决定让所有员工都能够获得京瓷的股份。

可是，当我把这个想法告诉公司的其他高管时，却遭到了他们的断然反对：“这简直太荒唐了！把还没有上市的公司的股份交给全体员工的做法过于危险。股份这种东西具有极大的

威力，就算公司员工最初能够好好保存手中的公司股份，也没人能够保证他们有一天不会把股份转让给他人，从而造成难以预测的后果。你应该立即打消这种念头。”

但是我的想法并没有为他们的意见所动，我怀着“就算真的发生了这种事情也不足惜”的态度，向全体员工转让了公司的股份。最终，这种做法赢得了公司上下所有员工的感激，大家更加鼓足干劲，为公司的发展倾力奉献。

我本人并不是靠自己孤家寡人在经营企业，而是让自己的员工能够成为我的合伙人，大家拧成一股绳，殚精竭虑，共同为企业的发展出谋划策。我认为对你而言，现在已经到了需要认清全员参与型经营模式的重要性、改变现有经营理念的时候了。

◆注意确立专业化的薪酬体系

还有一点我认为需要特别加以指出。

京瓷在美国的子公司与美国的会计师事务所之间有着大量的业务往来。在这些美国会计师事务所工作的会计师们，他们作为专业人士，对客户的要求，哪怕是深更半夜也会立即予以回应。美国的会计师们就像这样，对自身所从事的工作有极高的专业精神和责任感，但是同时，他们也会要求与之匹配的报酬。

与这些美国的会计师事务所相比，你的会计师事务所的雇员们虽然从事的是相同职业，但是只需要朝九晚五按部就班地完成工作即可，只会让人感觉缺少专业精神。

因此，你首先应该改变自己对于手下员工的定位，要让那些具有职业专长的员工去像专业人士一样从事工作。然后告诉这些员工，“因为你们都是专业人士，因此以后也将会支付给你们与专业人士相称的薪酬。但是今后不管你们的工作是否在正常工作时间内就能够完成，还是需要彻夜加班，薪酬金额都不会再有任何改变。”如果再有人在工作时磨磨蹭蹭，你尽可以明确地向他指出“你这种工作态度有违专业人士的基本要求”。

在要求员工提高工作强度的同时，必要时也需要员工加班到深夜。只要在公司内实现专业化的薪酬体系改革，员工自然会随之产生相应的自律感。

【经营问答十一】

如何处理基于目标管理的年薪制所产生的问题

● 问题

我是一名创业型的企业管理者，三十一岁时辞去了原有的工作，创办了一家只有四个人的光传感器企业，并在十二年后发展成为一家上市公司。

由于我自己拥有辞职创业的经历，因此我把公司看作是一个人生的舞台。也就是说，在公司这个舞台上，我的员工如果能够大放异彩，获得自信，那么有一天即使他们也辞去我这里的工作去创业的话，我也将对此表示充分的理解。这是因为在这些员工汲取自信的过程中，必然也会为公司带来成果，因此作为他们舞台的公司同样得到了发展。

我公司最近伴随着目标管理制度的导入，将员工工资改为了年薪制，这种工资制度的改革纯粹是依照合理主义理念制定的。具体的工资制定方法就是：将公司营业额减去可变成本后所得到的边界利润的一定比例作为公司的工资资金池，然后包括公司老板在内的所有员工工资都是按照各自相应比例从这个工资资金池中支出的。

然而这种工资制定办法却会导致一个严重问题：一旦当日元升值等企业经营的外部环境发生剧烈变化、公司整体营业额与预期目标发生较大背离时，员工工资也会随之产生剧烈起伏。我的第一个问题就是我们应该如何解决这个问题。

另一个问题是，对那些难以设置数值目标的部门应该如何进行目标管理。

虽然我在公司内部也设立了相互商讨机制，但还是希望得到稻盛老师的指教，以便了解我们现在的这种工资设定方式是否合理。

●解答　对于业绩优异的员工给予荣誉和表彰，但要注意避免员工工资差异过大

◆走入死胡同的合理主义型工资制度

我相信你犯了一个知识分子容易犯的错误。当年我创办公司时，由于我自己也是技术人员出身，在思维方式上存在着合理主义的倾向，因此自然也就认为企业的工资制度应该遵循合理主义的原则。可是现实却迫使我最终不得不放弃了这种

想法。

按照论资排辈型的工资制度构造，员工只要年纪相对较大的话，即使缺少工作能力，也能够获得较高工资；而作为那些刚出大学校门，经验还尚欠缺的年轻员工，不管能力多强，也拿不到与自身能力相称的高工资。因此越是年纪较轻、富有才华的人，越是会对这种不公平的工资制度怀有抵触情绪。

尤其是在从事高科技产业时，确保优秀年轻技术人才对企业来说是一项至关重要的挑战。所以我相信你正是出于如果不制定具有吸引力的合理工资制度，将会难以吸引优秀人才的考量，才会在公司内部引入基于目标管理的年薪制工资制度。

虽然我承认你们公司的工资制度非常合乎理性，然而，所谓的薪酬体系其实并非完全是基于如此彻底的合理性基础上构筑而成。如果一定要按照合理主义的思维制定这套体系的话，就必然会产生你现在所遇到的问题。

◆技术、心态、和谐，只有在这三点融合一体时，才能催生强大的企业

在你的叙述中，有一段话让我觉得比较有趣，那就是“公司只是人生的一个舞台。公司员工，只需在某段时间，在某个舞台上，演出某个段落即可，他们没有必要在我的公司里永远待下去”。

不过，我个人感觉你完全是因为自己曾经有过辞职创业的经历，为了让自己显得比较有面子才会这么说。事实完全不是这么回事，否则如果你公司的技术人才真的都不断辞职而去，想必你的公司马上就会分崩离析。

你的公司现在只是因为拥有领先的技术实力才处于较佳状态。但是，如果公司内部员工缺少相互认同的话，一旦公司在技术上出现停滞，公司就会立即丧失竞争力，进而瓦解。有不少企业经营者都会自信地说："我们的技术要领先于其他竞争对手。"如果真能够实现这点，那对于企业而言当然是再理想不过，然而在当前这种技术进步日新月异的时代，要想实现这一点却并非易事。事实上，那些只依靠技术优势取胜的企业在市场竞争中都是令人意想不到的脆弱，因为竞争对手一旦获得了更加先进的技术，那么这类企业的这种技术优势会在一夜之间丧失殆尽。

一个强大的企业不仅要在技术层面上具有优势，其综合实力也应该具备同等优势。对于企业而言，只有在技术实力、营销能力、员工心态、企业内部成员关系等所有层面上保持良好状态，才能够始称强大。仅靠某项技术立足的企业，迟早会随着这项技术一道陨落。因此企业管理者必须摒弃"唯技术论"的经营理念。

◆合理主义型薪酬体系所激发的矛盾及其结局

在工资制度制定上也是同样的道理。你们公司设计出了决定工资资金池规模的公式，并且利用这个公式来计算包括公司老板在内的所有员工应得的工资数额。由于公司员工工资的资金池与公司的边界利润连动在一起，因此你就可以通过向公司员工宣布“如果大家努力工作，为公司创造了更多利润的话，公司也将向大家支付更多的薪酬”，来激励员工们的工作热情。

然而，随着当前日元升值等企业外部经营环境的变化，当公司业绩一旦开始出现低迷时，本来被你的这种工资制度吸引来的员工自然会向你发出抱怨说：“老板，公司业绩的低迷并非是由于我们的原因所致。由于日元升值所造成的公司利润下降也与我们无关。可是我们工资的计算公式却要受到这些外力因素的影响，因为这些外力因素导致了我们薪水减少，对此我们感到无法接受。”你的公司从创办以来就一路发展壮大到了今天，所以你应该还没有遭遇过这样的状况。但是以我本人为例，正是因为考虑到会造成上述这样的矛盾，所以我在决定公司的工资制度时，才没有采用绩效浮动型的工资计算方式。

京瓷内部虽然也有许多效益不错的部门，但是我们没有把这些部门的效益与所在部门员工的工资与奖金直接挂钩。这是因为，如果某个部门由于业绩一时的突出表现而使该部门员工获得大幅加薪，那么就会诱发其他部门员工的攀比心理，心中产生不满怨言。从企业管理的角度来看，这就有些得不偿失。

此外，当部门业绩出现下滑时，虽然也可以以此为由扣除部门员工的薪酬，但是为了不过于打击员工的工作积极性，因此想要大幅降低员工工资的做法在实际操作时充满了难度。如果像这样无法实现员工薪酬的调降，那么最终还是会导致人力成本费用的膨胀。

当年在京都，曾经有一位与我同时创办企业的老板。那位老板毕业于一流大学，也是技术人员出身，人非常聪明。在他的公司，包括老板在内所有人的工资都是通过自我申报与协商来决定，这种所谓的“自我申报型的工资制度”在当时成为一个热门话题。

我本人因为与那位社长私交不错，因此忠告他道：“你的这种自我申报的工资制度有些过于理想化，我并不看好。人性中充满了欲望，在工资问题上与充满这种欲望的人再怎么协商也不会产生好的结果。”然而，那位老板是一个过于执著于理论的人，他依然我行我素，没有任何改变。最终他所推行的工资制度难以为继，自己也被迫辞职。

由于我自己也是技术人员出身，因此我本人也希望能够实行更加合理、更加有说服力的工资制度，但正是由于我事先预见到了将会因此而产生的矛盾，所以我最终还是选择了具有论资排辈特征的工资制度。

◆不以表面利润，而以“单位时间利润”作为经营指标

由于人性中充斥着的各种欲望，因此不但在工资制度问题上，即使是在企业内部，仅仅是各部门利润的公开这一举措，就有可能导致企业内部人际关系的恶化。

如果将企业内部各部门的盈利状况一律公开，那么创利高的部门面对创利低的部门难免会自大起来，“我们部门这个月创造了一亿日元的利润，你们部门却只有区区一百万日元”。然后便会有人随之提出“既然我们为公司创造了这么多的利润，难道不应该给我们更高的奖金吗”。

在一家公司内部，假如出现了这样的言论，就会严重损害到公司内部的人际关系。京瓷实行的是以小集体为单位、各部门实行独立核算的阿米巴经营（由稻盛和夫本人创立的一种企业经营方式。具体表现为：将企业员工编成少人数的小集体，这个小集体在计划制订、生产管理、核算等方面可以自行作出判断，从而实现自主成长，这一点就像是可以不断进行自我调节以适应环境变化的阿米巴虫。阿米巴经营被誉为京瓷成功的重要支柱之一。——译者注），在这种经营体制中，利润

核算不是以表面利润作为标准，而是以代表每一小时劳动时间所创造的附加价值额的“单位时间利润”作为核算指标。

这个核算指标的计算方法就是，将部门销售额减去不包括劳务费的所有费用，从而计算出部门所创造的附加价值，然后再将这个附加价值除以部门总劳动时间，从而得出“单位时间利润”。也就是说，在评价生产现场各部门的核算状况时，不是以冷冰冰的“利润”，而是依靠单位时间创造的附加价值这种灵活的指标作为判断依据。

◆对达到目标者不许以金钱，只给予荣誉和表彰

由于我相信光靠金钱无法让人产生足够的动力，因此在京瓷，对那些努力工作、创造了高单位时间利润、为企业作出贡献的员工，大家会共同向其表示敬意，“那个部门的成员实现了优异的单位时间利润，为全公司的核算改善作出了巨大贡献。正是因为他们的努力，我们大家才能够拿到更高的工资和奖金，所以我们应该一同向他们的功绩表示感谢”。

对于企业的间接生产部门也是同样道理。所谓间接生产部门是指那些为直接生产部门提供支持的企业部门。正是由于总务、财会、原料等间接生产部门成员的辛勤工作，才使得直接生产部门能够创造高单位时间利润。因此，对于那些为直接生产部门提供服务的间接生产部门的员工，我们也应该怀着感谢

与尊敬的意愿来评价他们的工作。虽然这些部门无法适用单位时间这样的核算指标，但是京瓷仍然努力以公平的方式对待这些部门的员工。

我就是通过这样的方式，虽然直接公开各个部门业绩，但是不会因此在企业员工之间人为制造奖金与待遇差异。并且当企业整体业绩取得较大增长时，为了公平回报企业员工作出的努力，也会向全体员工发放临时性的奖金。

◆公司不是某一个人的舞台，而应该是让所有参演者都获得幸福的舞台

你的公司拥有先进的技术，具备较高的收益率，实现了企业发展的成功跨越。但是，公司的经营如果完全依循你所说的合理主义理念将会难以持续，并且公司也不应该是哪一个人的舞台。

你这种对于能够完成工作的员工给予相应的薪酬，员工若是有任何不满的话，尽可辞职，公司并不在意的经营手法缺少温情，不足以让企业做大做久。你在公司里，不要把薪酬作为诱导员工积极投入工作的唯一要素，而是应该利用荣誉和表彰的形式来协助员工获取主动投身于工作的动机。

最后，我认为你不应该把自己创办的公司视作追求个人利益的舞台，而应该将你手下所有的员工团结在一起，把公司塑造成为一个追求所有人幸福的舞台。

【经营问答十二】

为了保住公司，是否应该裁减员工

• 问题

我想问一个关于人员裁减的问题。我的公司目前从事着测量、调查、土木设计、补偿咨询、注册登记等业务，一共有六家营业所。

由于原本繁荣的公共事业建设市场近来出现收缩势头，我公司的营业额也随之跌落到了顶峰期的30%，经营状况极其严峻。虽然我早已预见到了公共事业建设市场的萎缩，但是没想到萎缩速度如此之快，以至于让我措手不及，痛感自己作为一个经营者的不足。

眼下我们公司在试图开拓新的客户源、扩大公司销售额的同时，又在努力削减各种运营经费，然而销售额无法如预期一样获得增长。并且由于我们公司作为服务业的特征，使得人员费用占据了公司销售额的40% ~50%，因此当想要削减运营费用时，削减人员费用就成了我无法回避的选择。所以尽管我感到非常抱歉，但是去年还是解雇了六名没有资格证书的技术人员。并且今年我还在公司内部进行了减薪，具体的减薪幅度，我本人是25%，董事会成员10%，其他管理层员工7%，普通员工是1%～5%。

对于这些解雇员工和减薪的做法，公司内部也存在着反对的声音，我是在反复召开董事会议和管理人员会议，自以为大家都取得了一致共识之后才付诸实施的。可是后来我间接得知，公司一位老资格的部长对我提出了批评。他说："如果只会在公司景气好的时候增加员工，景气一转坏就裁员的话，这谁都做得到！"听到这些，我不由得对自己的做法产生了怀疑。我认为那位部长的抱怨其实是在质疑我作为一名企业经营者的资质，我开始反省自己是不是已经忘记了当初创业的艰难，已经陷于懈怠，变得只为私心己欲而经营公司。

作为公司今后的对策，我打算首先将销售额的减少抑制在最小范围。由于公共投资的剧减已成定局，所以不光是负责公司营销的员工，连我自己也必须率先以身作则，领导全体员工积极地投入到营销活动之中。此外，我还计划关闭效益不佳的营业所，缩小间接生产部门的规模，审核所有财务报表，实施彻底的成本削减。

然而，如果这样依然无法实现充分的成本削减，虽然很无奈，但是我不得不考虑进行裁员。下一年度不管是从预测业绩，还是公司收支评估来看，估计将不得不从公司现有的四十三名技术人员当中再解雇十人左右。

可是一考虑到与员工之间的信赖关系，我就会对自己一直以来的那种独断专行地裁减员工的做法产生质疑。请稻盛老师一定对我进行指导，告诉我在现在这种情况下，在为了拯救公司而进行裁员时，企业的经营者应该如何拿出勇气，毅然决然地作出决断。

●解答　大善似无情，向员工坦诚困境，重振信赖关系

◆重视平时教育

你公司的订单一落千丈，不管如何削减经费也无助于挽救公司当前的困境，为了公司的生存，于是你被逼无奈，选择裁员。本来作为企业的经营者，你应该得到手下员工们的尊敬，然而你发现自己失去了部下的信赖，于是对裁员一事产生了动摇。不管是谁陷入了你现在所处的境地，想必都会是一样的心情。

虽然公司老板也可以利用手中权力，强迫员工服从自己，然而这种做法并不属于真正的企业经营。因为你自身追求的是能够得到部下的尊敬和信赖，并且认同经营手法，因此当听到

部下对你作为一个经营者的资质进行质疑时，你会作出认真地反省。事实上，你越是拥有一颗作为经营者的良心，就越是会去做这样的反省。

由于你的公司是伴随着政府公共事业投资的不断增加，一帆风顺地发展到今天。并且在确保丰厚利润的同时，员工数量也不是很多，因此我相信你没有经历过太多在不同人员之间进行协调的辛劳。

如果是制造业的话，公司里从各级主管一直到基层工作人员，会有各种各样的人。作为老板，如果想把这些人协调在一起，赢得他们的信赖和尊敬，那么就必须尽一切可能向员工们说明：公司是为了怎样的目的在进行经营，具有怎样的社会使命感，并且为了实现这个使命，公司所有员工都应该秉持怎样的价值观。

如果企业的经营者能够通过反复进行这样的诉求，获得员工信赖和尊敬，那么即使你把将要解雇的员工招来，告诉他们，由于公司严峻的现状，需要把他们解雇，周围其他员工的真实想法也应该是“老板自己大概也在为要解雇这些年来一直追随着他的员工而感到痛苦吧。他是在走投无路的情况下才被迫进行裁员”。如果这时有部下出来质疑，说出“这样解雇员工的人还有什么资格来做老板”之类的话，那就说明你作为公司老板，在平日里的作为和对于员工的教育都做得不够合格。

如果在绞尽脑汁进行了各种费用削减后，最终仍然不得不进一步削减人员费用时，只要裁员决定不是基于老板的私心己欲，那也是没有办法的事情。但是这时又会产生新的问题：究竟是不解雇任何员工，但因此导致企业倒闭，全体员工集体失业是“善”呢，还是通过解雇十名员工以保住剩下三十名员工的饭碗才是“善”？

在佛教里面有“大善似无情”的说法。这个词指的是，真正的大善从凡人的角度看的话，往往会显得“冷酷无情”。而你现在准备要做的事情，我认为正代表的是大善。

然而即便如此，当要解雇你所说的十名员工时，对于你的责难大概会逐渐增温。因此，我认为你有必要将所有员工召集到一起，真心诚意地向他们详细介绍公司所陷入的困境，进行解释劝说工作直到他们认可为止：“我们公司现在陷入了艰难的状况。因此恳请你们大家配合公司进行相应的费用削减。如果我们不进一步削减公司的运营费用，公司的财务必将出现赤字，到那时公司就不得不宣告破产。为了避免这种状况的发生，公司迫不得已现在必须放下十艘救生艇。也许这么做会显得绝情无义，但是我这样做的目的是为了保住剩下的员工，而没有哪怕一丝想法是为了自己的苟且，因此诚恳地希望能够得到大家的谅解。”

我的父亲在二战前经营着一家印刷公司，但是在战争中由于空袭，一切都化为灰烬。我们家是在战后的废墟上搭建了一座小房子供全家人居住，过着最底层的生活。我家贫穷，可以说是家徒四壁，为了让我能够上大学，我的妹妹在高中时就辍学回家。我们兄弟姐妹之间就是通过这样的方式互相支持着生存了下来，没有一个人自暴自弃，胡作非为。

一般人往往以为，缺衣少食的穷人家里的小孩容易为非作歹，然而事实上，穷人家的孩子却意外地很少如此。这是因为在穷人的家庭里，父母很早就会告诉自己的子女，“因为我们家很穷，所以就算想要送你去读大学也拿不出钱来”，因此穷人的孩子对于这种情况早就心知肚明。并且，比之富裕家庭的小孩，在困苦中养育出来的穷人家的孩子往往更容易成长为脚踏实地的人。

同样道理，你必须向你的员工们说清楚公司现在面临的苦境。在此基础上，如果是为了公司的存续而在所难免的话，那么即使被人斥责为“冷酷无情”，也仍然需要拿出勇气进行裁员。

◆企业经营者自身的行为是重建信赖与尊敬的关键

在进行企业经营时，最重要的因素就是员工对于企业经营者的信赖与尊敬。如果没有信赖与尊敬，那么社长就只有利用手中的权力，驱使员工进行工作。

为了在公司内部获得和谐，我主张“老板要与员工在推杯换盏间进行沟通交流”，也就是说，企业的经营者要与员工们一边喝酒一边敞开心怀、尽情倾诉。作为老板，需要做到能够让遇到困难的员工发出“老板虽然事务那么繁忙，却竟然会如此关心我个人的事情”这样的感慨的地步。而这样的关怀，必然会赢得对方的信赖与尊敬。

所以，当你完成裁员之后，虽然可以简单一点，但是一定要和手下的员工们聚一次餐。在酒席上你必须向众人吐露自己的决心：“我是怀着切肤之痛进行的裁员。但是我绝不会就此善罢甘休，为了让那些辞职的同事们能够再回到公司，我一定要振兴我们的公司!”以此来尽一切可能地恢复员工对你的信赖。

虽然你现在的处境非常痛苦，但是为了你的员工，你必须坚持下去。

第四章

打造自燃型集体

培养具备经营者意识的人才

● 对于能够成为自己左右手的人才的期待

在中小企业中，企业的经营往往都是由经营者一手担当。然而随着公司规模的扩大，经营者一个人执掌企业所有部门的做法也就变得越来越不可行。这个时候，企业的经营者也就迫切需要发掘能够与自己一同担负起企业经营职责，成为自己得力助手的人才。

京瓷在成立之初，我一个人身兼数职，同时监管着技术开发、营销、制造等各个部门。并且我还要抽时间下到生产现场为员工打气，直接指导各部门的运作。那个时候万事缠身，每天都极其忙碌。当京瓷的员工规模超过一百人时，我必须为了企业未来的发展制定各种各样的战略。从那时起，由我一个人兼顾企业所有部门的管理方式也开始变得越来越困难。

经营者在不断解决企业在运营过程中遇到的各种问题的同时，还必须承担起企业经营的整体责任。当我在肩负这些重担的时候，从心底盼望着能够早日找到可以与我同甘共苦、拥有为企业员工追求幸福使命感的共同经营者。

● 通过阿米巴经营来培养领导者

随着时间的流逝，我开始进行思考：在京瓷员工没有超过一百人时，我一个人就足以担负企业的所有经营工作，那么这样说来岂不是也可以把企业分割成二十至三十人规模的小集体，再将这些小集体委任给具有领导者潜质的人才进行管理吗?

基于这个构思，我创造出了被称为“阿米巴经营”的管理模式。这种模式就是把企业以被称作阿米巴组织的小集体为单位进行划分，并配置相应的组织负责人，全面担负阿米巴组织的管理工作。阿米巴组织负责人的职责就是要在服从企业各项经营方针的同时，还要为其所管理的阿米巴组织制定目标，并带领阿米巴组织的全体成员为实现这个目标而奋斗。

但是，在实际经营管理中，并非只要把企业进行细分化，然后再将被细分出来的组织委托给相应的组织领导者进行管理就万事大吉。事实上，如果这些组织领导者没有经过应有的训练，那么即使将权力下放给这些组织的领导者，他们也照样难以采取与组织领导者职责相称的行动，甚至有的组织领导者会因此产生自大情绪，滥用手中的权力。虽然阿米巴组织的规模都很小，但是这些组织的负责人都是被视作企业管理层的一员而被赋予了阿米巴组织的经营管理职责，因此就必须让所有阿米巴组织的负责人都能够正确理解作为领导者应尽的职责，在自觉担负起责任的前提下开展阿米巴组织的经营管理活动。

为此，当我在选拔阿米巴组织的负责人时，首先都会针对他们作为一个领导者应有的风范、担负的任务与使命进行谆谆教导。并且在将阿米巴组织的经营实际委托给这些组织负责人的同时，我还会利用下基层视察和开会等机会，围绕他们所属阿米巴组织所存在的矛盾点，以及他们作为领导者所必备的思维模式和具体行动等问题反复进行指导。我就是通过这样的方式，在为那些组织负责人提供实践阿米巴经营舞台的同时，不断对他们进行企业后备领导者的教育，从而培养出具有经营者意识的企业人才。

● 全员参与的经营

通过这种方式培养出来的阿米巴领导者由于具备了经营者意识，因此为了实现心中“要让我的阿米巴组织发展成长”的心愿和梦想，必然会主动设立目标，并为了实现这个目标而全速前进。然而，为了实现这个组织目标，阿米巴领导者又必须发动全体阿米巴成员，激发他们的士气。

在一般公司里面，通常都是依照上命下达的方式，单方面地由上级指派下级员工参与各项工作的具体实施。然而，这样做就会导致下级员工产生“纯粹是由于受命于上司指派所以不得不为”的思维定式，也就无法积极主动地投入到工作之中。但是如果反过来，企业的上级主管在对待手下员工时，假如能够秉持“为了实现我们组织的目标，希望大家都来出谋划策，共同为公司的发展贡献力量”这样的态度，在平日里就倾力培养员工对企业经营的关注和参与意识，就必然能够使员工拥有“企业的发展也需要我的贡献，所以我必须发挥自身力量以协助实现公司的经营目标”的自主意识。如此一来，员工就自然会对工作主动提供各种方案和建议，在工作中积极地担负起相应的责任。

此外，在企业进行阿米巴经营时，由于各个阿米巴组织每个月都会发表各自的核算成果，因此各个阿米巴组织全体成员付出的努力所产生的成果就会以所属部门业绩的形式立即展现出来。所以，阿米巴组织的各个成员自然就会开始留意如何才能提高自身所属阿米巴组织的核算性，将组织的发展当作自身的职责。

就像这样，不仅是让领导者，而且通过让企业全体员工都具备相同的认识，在企业内部催生“全员参与经营”的意识，从而打造出公司全体上下都能团结一致，实现目标的经营体制。

一个人只有当同时具备了责任感和使命感时，才会充满激情地投身到自己所从事的事业之中。而所谓的高收益经营，同样也是只有在企业的全体员工都能够积极主动地参与企业经营活动、并为了共同的目标相互团结成一个牢固且斗志昂扬的集体时，才会有真正实现的可能。

【经营问答十三】

如何培养能够自觉担负经营责任、积极投身于工作之中的企业员工

● 问题

我们公司是我祖父创建的，公司主要经营综合印刷和纸张、纸板的批发销售业务，现在公司的资本金是十二亿日元，员工总数达到了三百六十人。本公司集团内一共有四家子公司，在这些子公司之中，发行本地信息类杂志的出版公司和销售当地土特产的邮购公司的业绩都保持着良好的增长态势。但是另一方面，母公司的业绩虽然能够维持稳定，但是却无法继续实现增长，并且现状是母公司又找不到任何开拓其他新业务的契机和苗头。在当前这种技术革新和信息革命日新月异、社会经济构造不断发生激烈变化的环境中，如果再不加以改变，我就不得不为我们主营业务的未来感到忧心。

出于担心公司员工无法与我齐心协力、保持一致的危机感，在五年前，我确定了全公司的整体目标，要让公司股票实现公开上市发行。受赐于公司全体员工的团结努力，这个目标

现在终于实现了。

从现在开始，我还想让公司得到进一步的发展壮大，因此我认为这就需要再为全体员工制定新的目标。并且，公司也有必要督促每一名员工都能够以工作业绩为己任，保持全力以赴实现目标的紧迫感，采取与时代节奏合拍的行动。

为此，我将公司新的目标具体设定为：要实现公司股票在要求更高的东证二部（东京证券交易所二部）的上市，并通过 ISO14000 验证（国际标准化组织制定的环境管理体系国际标准。——译者注），以承担企业对于环境问题的责任。但是我现在正在思索，作为经营者，我如何才能够让全体员工获得足够动力，为了实现上述目标而积极主动地采取行动。

此外，由于任何事业都会有一定的寿命期限，因此企业必须不断探索新的业务，并努力拓展营销和服务业务。为了达到这个要求，公司就要必须确保能够积极主动地推动公司各项业务发展和员工的培养，然而我现在却在为究竟应该如何培养这样的企业人才而感到苦恼。

我希望能够亲自培养出足以成为我在进行企业经营活动时的伙伴、协力追求共同梦想的员工。因此恳请稻盛老师就如何有效地激励员工积极地投入工作，以及如何培养能够主动协助公司进行业务拓展的人才等问题予以指教。

●解答　通过小集体的划分来催生员工的经营者意识，并同时予以指导

◆与其创办子公司不如优先成立事业部

你的公司已经实现了股票的上市，从这个意义上来说，可以算是做得非常成功。

从你的介绍中能够了解到，你们公司主营的印刷和纸张的批发业务虽然能够确保稳定，但是却缺少进一步发展的空间，因此就不得不着手进行新业务的开发和拓展。为了开拓新事业，你创办了其他子公司，在这些子公司中，销售地方土特产的邮购公司和发行当地信息类杂志的出版公司都取得了较好的业绩增长。

然而在你的介绍中我注意到的一点是，你接二连三地创办新的子公司，让母公司在不断地分家。虽然企业的经营者们都存在着愿意不断创办新的子公司的倾向，但是一旦为了新的业务而分裂原有公司，就会在激烈的市场竞争环境中，导致公司老板的精力被子公司分散。并且，作为母公司的员工，他们在意识上自然也会把子公司视作与己无关的存在。

为了让企业获得持续发展和成长，就必须不断开拓新的业务。然而如果有了新的业务就为此开办子公司的话，那么不管

这些新业务的业绩如何优异，对于公司集团内的其他员工而言，都只不过是他人的事情而已。虽然对于公司的经营者来说，不管是母公司还是子公司，在心里全都看作是自己的公司，然而从公司员工的角度来看却并非如此，他们会有异己之分。因此不管是从积极还是消极的角度来看，这种做法都难以对公司员工产生必要的刺激。

因此，我认为不要轻易将企业内部的新业务部门独立出去另成一体。虽然有不少企业经营管理咨询专家主张企业应该大刀阔斧地创办子公司，但是我的看法恰好与之是180°的截然相反。

以京瓷为例，除了从各界广泛募集到了资金的第二电电以外，京瓷基本上就没有创办过其他子公司。近年来，由于京瓷主体变得有些过于庞大，因此也出现了将事业部从本体分离出来成立子公司的例子。但是，新业务的拓展都是以事业部的形式在公司内展开，这是京瓷的基本传统。以精密陶瓷技术为基础，通过积极推动企业的多元化发展，在公司内部不断拓展新业务，对从事既存业务的员工也能够产生良好的影响。

京瓷通过让公司内那些在既存领域从事工作的员工意识到“我们公司不是一家传统的陶瓷烧制企业，而是使用最先进科技进行生产的高科技企业”，从而以此为激励，促使企业员工开始思考：“在我们部门是否又有任何开拓新事业的可能性呢?”结果，最终公司内部各种新产品、新事业的萌芽自然会层出不穷地涌现。

以你的公司为例，你是否可以考虑一下，把现有的子公司都与母公司进行合并，实现子公司在母公司内部的事业部化。子公司的那些现有负责人，如果他们善于经营的话，可令其担任新事业部的部长一职。如此一来，自然会使你们公司从事主业的员工受到触动，产生“公司新建的邮购部门，虽然人手不多，但是却能够实现亮丽的业绩。所以我们可也要鼓足干劲，不落人之后”的想法。通过这样的良性刺激，使包括老业务部门在内的公司上下整体实现活性化，从而确立全体员工都能积极参与新产品和新业务开发的体制。

◆遵循经营的基本原理和原则

你的公司已经成长为一家上市公司，员工数量也达到了将近四百人的规模，因此作为公司主管，你不可能永远单枪匹马地靠一己之力来推动公司的发展。我认为你们公司已经到了需要让所有员工都能够自觉关心公司业绩、主动参与公司经营的时点。

虽然我现在可以在盛和塾的课堂上侃侃而谈，可是当年我在创业之初，对于企业经营完全是一窍不通，甚至连损益计算表和借贷对照表都看不懂。于是我在不断向京瓷的财会部长进行请教的同时，努力学习财务的相关知识。在这个过程中，我逐渐意识到“销售额最大化，费用最小化”正是企业经营的原点。自那时起一直到现在，我就是将“销售额减去费用，剩下的就是利润，因此只要能够尽可能地扩大销售额，抑制各种费用，就能最大化地实现利润——即两者之间差额”的原理作为经营原则，并将其贯穿于企业的整个经营活动。

不少企业经营者都会事先设定企业的利润率，然后就以这个利润率为参照目标。如果他们所从事行业的业内平均利润率为5%，那么这些经营者心中就会将这个数值同样作为自己企业的目标，并只要能够达到这个目标，他们就会感到心满意足。于是不可思议的事情就会发生：这些企业的利润率无论如何将再也无法逾越这个水准，企业的利润率就此被牢牢禁锢。

有鉴于此，我心中从来不设定自认为恰当的具体利润率数值，只是专注于如何扩大企业销售额，全力以赴减少各种费用，以追求因此而产生的利润。正是基于这种理念，我才能够与全体员工一道，通过永无止境地努力，为京瓷创造出傲人的收益。

◆通过参与企业经营来提高员工的经营者意识

与你现在认识到的一样，当年随着企业的成长，我同样也意识到不能光靠自己一个人来推动企业的发展，应该让每一名员工都能够在工作中共同分享我的理念。尽管口头上说要实现销售额的最大化、费用的最小化，然而经营者一个人的智慧和能力终究有限。如果生产现场的员工不具备尽一切可能扩大企业销售额、减少各类费用的主动意识，要想实现企业核算性的提升无疑是痴人说梦。

于是我发明了将整个企业划分成以小集体为单位的少人数组织，每个组织都配属负责人，各自开展如同中小企业经营一样的“阿米巴经营”模式，并在实践中予以贯彻运用。这种经营模式要求阿米巴组织的全体成员在具备自主经营意识的前提下进行生产活动。我本人在企业中大力提倡有利于激励员工为了企业发展而努力实现卓越成就的全员参与型企业经营管理，并为全体员工的理念革新倾注了自己的心血。与此同时，针对各个阿米巴组织的领导者，我也亲自就经营者所需担负的使命，以及应有的风范对他们进行一一指导。

在你的公司里，想必印刷部门拥有种类不同的各类印刷机器，从能够印刷精美图片的印刷机到印刷普通说明书的印刷机应该是一应俱全。并且，你们公司还有独立的营销部门，里面同样应该既有专门负责高档写真集印刷订单的员工，也有专门负责普通说明书和广告传单的员工。

举例来说，你可以把印刷普通说明书的印刷机部门划为一个班，对其成员进行前面我所说的那种员工教育，然后要求这个班的成员以班为单位开展自主性的经营活动。这样一来，这个班的成员为了实现班收益的最大化，自然会在倾尽全力、尽可能提高印刷机的运转效率、增加销售额的同时，又会努力削减油墨、纸张等一切费用。并且，他们也会主动与营销部门接触，要求他们“到其他公司和学校去积极活动，好为我们班争取到更多的订单”。如果能够一个接一个地打造出这样的组织，每个班的成员就自然会对其所属部门的业绩主动产生相应的责任感。

像这样，随着员工对提高本部门业绩的意愿不断增强，等到各个班的经营实现了顺利增长时，员工们自然又会开始向你提出诸如“老板，请为我们部门添置新的装帧机器，这样我们就可以进一步扩大生产”之类的提议。如此一来，企业的经营活动就不再是100%地由上至下，员工们也自然会为了提高本部门业绩而积极献计献策。

要想让企业员工能够与经营者拥有相同的经营理念，先决条件就是必须要让员工对企业的经营和业务拓展活动产生兴趣。经营者要想让员工不再把自己仅仅视作一名雇员，只满足于完成上面指派的工作，而是能够积极主动地投身到企业的经营活动之中，一个可行的方法就是把企业划分成不同的小型部门，然后把这些小集体的经营放权给这些部门的员工。员工得到了授权，自然就会对相关的经营活动产生兴趣，并且当员工通过参加经营活动获得成果时，他们也自然会体会到自身所从事工作的价值和喜悦。企业的经营者如果再依靠这些小集体在企业内部推进理念革新，毫无疑问企业员工的经营者意识必将得到进一步的提高，从而更加积极地投身到公司新业务的开拓当中。

【经营问答十四】

如何培养具有自燃特性的主管

● 问题

以前我就曾经听稻盛老师说过，人按照各自的特性可以分成三类：一类是能够自主燃烧的自燃型，一类是需要被点燃的可燃型，还有一类就是不管怎样都无法燃烧的不燃型。在我的公司里，相当于企业管理骨干的部长级别的主管基本上都是无法主动进行炙热燃烧、需要被点燃的“可燃型”类别。我现在的苦恼就是，如何才能让他们成为“自燃型”的管理人员。

本公司作为一家与“食”相关的专业销售商，经营的业务包括面向餐饮业的厨房设备、饮食器具，以及法国料理、意大利料理、中华料理等专用食品原材料的销售，其他还包括糕点面包加工业所需要的油脂、面粉、发酵粉等原材料以及包装用品、食品加工机械的销售。除此之外，我们还为相关食品工厂和店铺的开设运营等提供咨询服务。最近这五年，我们公司的销售额没有任何改变，营业利润维持在仅有几个百分点的低迷状态。

在这种情况下，我们从八年前开始就一直在定期录用大学毕业新生的制度发挥了作用。这些新鲜血液使企业的氛围发生了巨大的转变。目前，我们公司的员工虽然只有六十人，但是优秀的人才数量得到了增加，每当看到员工们的面庞，连我自己都实实在在地感受到公司已经发生了根本的变化。

但是作为企业经营活动关键节点的管理层却几乎依旧无法实现有效的机能。尽管我亲自向他们表达了希望管理层成员能够具备经营者意识的愿望，并对企业负责人所应有的思维方式、本公司未来的目标、为此而制定的基本战略，以及我本人对这个公司运营的基本看法等一一作了说明，可是仍然难以让他们产生任何转变。此外，我们公司还存在着下面各种问题，并且由于被这些干部封锁消息而无法传到我耳中。

作为像本公司这种需要与客户保持密切联系的批发销售商，要想在竞争中战胜其他对手，非常重要的一点就是必须详细掌握客户的库存情况。然而现状却是，我的手下连这一点都无法有效做到。并且尽管我告诉他们一定要参与到客户商品战略的制定和执行活动中去，可仍然得不到任何积极的响应。

作为一家公司，我认为位于管理职位的主管肩负着重要使命，要让代表公司基本战略的经营理念在基层中得到彻底的贯彻，而并非仅仅只做一个简单的传声筒。他们应该在充分了解生产现场的实际状况的前提下，以公司的基本战略为基础，制定能够在市场中获胜的战略和战术，并通过合理有效的方式率领手下员工投入战斗。一说起管理职位，大部分人都会从字面意义上把其当作是监督审核部下的工作，但是这其实只能算作是一种单纯的管理行为，而不能被视为管理职位的本来意义。

在我看来，由于他们没有尽到身为管理层所应尽的本分，因此我会经常公然训斥手下的这些管理人员，然而他们不仅不当回事，甚至还会公然抵触。我现在在反省自己，之所以无法按照自己的意愿培养出合格的管理人员，一个重要根源或许就在于我闭门造车，过于急躁地要在公司内部推进合理化的组织运营。同时也有可能是我对部下缺少感恩之心所致。

我的梦想是要让自己的公司最终成为上市企业。现在让我感到烦心的是，为了实现我的这个梦想，我是否应该优先考虑部下的感情，改变自己现在这种严责督导式的管理方式。

敬请稻盛老师就如何有效培养管理人员提供宝贵的建议。

●解答　选用并培养年轻人

◆经营者在心怀对部下感恩之情的同时，严责督导同样也必不可少

作为你左右臂膀的主管们本应与你紧密协作，全身心地投

入到公司的经营管理之中，然而现实情况却是恰恰相反，对此感到不满的你于是会当着众人的面对这些主管进行叱责。这样就导致主管们感觉丢了面子，因此产生了抵触情绪。确实如你所说，要是一直这样下去，公司是不可能有好结果的。

作为一家中小企业，你们公司如果想要扩大销售额，公司主管们就必须与年轻员工一道，天天到处访问客户、争取订单。比如，可以经常到东京去收集与食材有关的最新信息，回来后再向本地的糕点业者介绍东京现在流行的最新糕点款式，以便向他们销售相关的食品原料。不管再怎么说现在是信息时代，为了获得第一手的信息，我们仍然需要亲自登门拜访客户。

企业管理人员本质上应该有如一支军队的将领，需要随时掌握现场的实际状况，制定相应的战略战术，利用个人威信激励部下，以取得最终的胜利。因此，对于那些缺少这种能力的人，就不应该把企业的管理重任交给他们，只能任命其担任参谋一类的职务伴随在老板的周围。与此同时，应该将底下的年轻人提拔起来担任各级中低层主管，重新另起炉灶，组织新的战斗队伍。如果不这么做的话，必须时刻紧盯着手下主管的企业经营者终会感到精疲力竭，而那些不断受到斥责的主管们同样也会不堪忍受。

对于公司那些老资格的员工，即便是由于考虑到他们曾经为公司发展作出过努力而想要重用他们，但是如果他们缺乏必要的能力和意愿，你就得放弃这种想法。此外，对于打算培养的人才，必须慎之又慎，并且要尽可能地提拔年轻人。刚才你说过，由于年轻人才的加入，你们公司的氛围发生了很大的变化，因此我认为你应该依靠这些年轻人来实现公司的发展和成长。

你还有一个疑问是，由于遭到了部下的抵触，因此你打算改变自己一直以来的严责督导式的管理方法。但是我认为没有这个必要。因为就算是厉声斥责，如果你心中怀有“公司能够有今天都是得益于大家付出的努力”的感恩之心，你的言行自然会有所不同。只要对身边的人还抱有感恩之心，我相信你的严厉态度就会相应的变得温和起来。我建议你在严格的同时，也必须懂得体谅下属，要做一个富有人情味的经营者。只要你把这一点时刻挂在心上，你的手下就一定会紧紧地跟随你。

◆培养能够为企业主管提供助力的年轻人才

在当前这种大环境中，像你们公司这样的专业销售商的日子确实会越来越不好过。虽然向餐厅、糕点屋等店铺销售食品原材料是一个重要的行业，但是随着信息和物流技术的迅猛发展，目前在商业市场上已经开始出现略去你们这类中间商的大趋势。

在这种严峻的状况下，如果想要让公司得到进一步的发展，最终实现公司股票的正式上市，就首先需要做到公司上下能够紧密一致地团结在你的周围，成为一个充满着炙热激情的团队。然而，如果对企业经营活动起到关键作用的管理层这时却一副事不关己的态度的话，那就会对你企业的发展产生极大的困扰。

从你们公司的业绩可以看出，你们的利润率一直处于低迷状态，因此绝对不能再这样持续下去。我一直主张企业追求10%的税前利润率，如果连5%的利润率都无法实现的话，那就是企业管理不善的明证。但是从你们公司的情况来看，假如不首先改变公司管理层的态度，那么要想实现10%的利润率无异于天方夜谭。

在进行企业经营管理时，每当企业经营者振臂一呼，必须要有能够立即紧跟而来、向你提供支持的部下，如果做不到这点，就会出现很大的问题。然而这不仅是你们公司的问题，也是大多数公司都会遇到的问题。企业如何培养能够为企业经营者提供助力的人才，这一点正是决定一个企业究竟是继续向上发展，还是向下沉沦的分水岭。

若是真如你刚才所言，你现在手下的管理人员不管怎样也不愿进行改变的话，那么就应该毅然决然地提拔年轻员工上来。在进行选拔时，不是简单地只以脑袋是否聪明、是否有工作能力为标准，而应该起用那些能够真心信赖你、追随你的年轻员工。

在此基础上，对于选拔出来的年轻员工不要放任不管，而是要亲自对他们进行反复教育和指导，让他们能够充分地领会你的思想。当这样的年轻人才终于能够作为企业领导获得成长并为你提供支持时，你的公司也自然就会随之发生巨变。

【经营问答十五】

在追求精干型经营的过程当中，应该如何处理不称职的员工

- **问题**

我是一家高尔夫球场的负责人。手下包括兼职人员在内一共有一百七十名员工。虽然近年来本行业一直陷于持续低迷的状态，不过万幸的是我们高尔夫球场的客源量还能顺利地保持着稳定的增长。

在管理方面，我以前都是靠自己一个人的力量误打误撞，但是自从进入盛和塾学习后，逐渐开始产生愿望，想要让自己的员工也能够与自己一同来分享稻盛老师的经营哲学理念，并且在现实中也早已开始了这样的尝试。现在，我已经能够感受到这种理念在自己员工中的传播和渗透。今后，我希望能够充分发挥员工的优秀才能，让我们成为一家能够得到顾客青睐的高尔夫球场。

我理想中的企业应该是由符合工作要求的成员构成的没有任何赘肉的“精干型组织”。然而在录用新员工时，明明面试

时的表现都似乎符合企业要求的员工，但是等到进入实际工作时，却仍然会被分为称职和不称职两类。虽然我会寻找机会，送那些不称职的员工去参加研修会和培训班，接受各种各样的再培训，可是却看不出有什么实际作用。

虽然我也与这类员工进行过沟通，就他们目前的状况、立场，以及将来的职责与定位等问题发表了自己的意见，进行了相应的指导，然而现状仍没有任何改善的迹象。我不清楚这到底是因为对方缺少自觉性的缘故呢，还是我的指导方式存在着缺陷？现在让我感到困惑的就是，究竟是应该继续在一个容忍范围内对他们进行指导帮助，还是在适当的时点放弃这种尝试，毅然将他们排除出公司之外？我不清楚这里面的分寸应该如何拿捏。

请问稻盛老师，对于企业而言，是否应该将这类员工视作一种必要的存在以充分发挥他们的作用？然而这样一来，岂不是又会导致企业的实际状态与以“精干型经营”为代表的理想企业模式产生背离？

●解答　把握员工的个性与忠诚心

◆他们是否对自己的企业怀有感情？

你在招募新员工时，本来以为录用的都是有能力的应征者，可是等到实际开始工作时才发现，其中有些人能够胜任工作，有些却无法胜任。在考虑如何处置这些无法胜任工作的员工时，或许是由于你平日里听到我一直都在告诫大家“要有利他心”，因此你觉得还是应该把那些无法胜任自身工作的员工继续留在公司里。

其实你真正想要询问的是：在弱肉强食的激烈竞争环境当中，企业要想获得生存，就必须去除多余的赘肉和负担，确保精干的企业形态。如果把那些工作态度不佳、能力低下的员工留在企业内部，就会与竞争原理产生抵触，因此你想知道该如何处理这个问题。事实上，我相信任何一个负责任的经营者都会抱有与你相同的烦恼。

对那些不能胜任工作的员工，我首先会去了解他们对工作和公司的真实态度。如果对方具备为公司尽心尽力、认真工作的意愿，那么我会非常珍惜这样的员工。

以你们公司为例，你需要摸清对方是否具有“我很喜欢这家高尔夫球场，既然被录用为这里的员工，那么我愿意为了这家高尔夫球场的发展作出贡献”的态度。换句话说，就是要弄清对方是否对公司忠诚。

至于那些对公司毫无感情和敬意，仅仅是为了薪水来工作，对公司没有归属感的人，如果工作意愿和态度都很消沉的话，你就应该考虑在适当的时候让其离开公司。这种做法并不能被责备为冷酷无情。虽然单方面地将对方排除出公司确实显得比较冷酷，但是之所以要这样做完全是因为对方自己首先已经心灰意冷，因此你这边也就别无选择。

真正让企业主管头疼的事情就是该如何处理那些对公司充满热情，对工作也很卖力，但是实在是缺乏工作能力的员工。

道理上，既然都拿一样的薪水，企业的经营者理所当然应该去雇用更称职的人。但是我却认为，不管工作能力如何，任何能够热爱企业，努力工作的员工都应该得到经营者的重视和珍惜。

◆石墙缝隙中闪光的小碎石也同样重要

日本自古就有“用人为墙，用人为城”的说法。（源自日本战国时代的名将武田信玄的名言，完整的说法是“用人为墙，用人为城，用人为壕，情可为友，仇可为敌”<人は城、人は石垣、人は堀、情けは味方、仇は敵なり>。意思是：人心才是最坚固的城堡，领导者一旦无法获得人心，就必将招致失败。温情能够赢得他人的忠诚，无情则只会化友为敌。——译者注）如果把企业比作城堡的话，员工就是这座城堡最下面的石墙。在修筑石墙时，既需要巨石，也同样需要碎石。当用巨石垒出石墙后，还必须用大量的碎石来填充巨石之间的缝隙，这些碎石的作用就是要让整个石墙保持牢固。

就有如这些小碎石一样，在企业内部肯定会有一些员工，虽然能力不强，但是他们具备良好的个性，与周围同事相处融洽，并且愿意为企业的发展勤勤恳恳、努力奉献。企业在推行精干型的经营战略时，这样的员工或许会被认为是一种累赘，然而事实却并非如此。企业对于这类员工的雇用，在短期内或许会给企业经营造成损失，但是从长期角度来看，却有助于企业组织结构的牢固，因此他们对于企业而言同样是一笔巨大的财富。

在这个问题上我自己就有许多切身的体会。当京瓷还只是一家小公司时，看到别家公司都拥有众多精明能干的员工，再回头看自己公司，我不禁哀叹道："我们这里尽是些愚钝之辈，看来我们公司是没法指望获得更大的发展了！"然而事实却是，那些能力受到我质疑的员工始终如一地与京瓷相随，尽心尽力地为京瓷的发展添砖加瓦。正是由于这些员工对京瓷的热爱和努力工作的态度，他们最终都成长为优秀的企业领导，为京瓷的发展作出了巨大的贡献。

而与此同时，我也遇到过极其精明能干的员工。头脑灵活，做事利落。每当大家一起聚会喝酒时就会跑到我身边来套近乎，最爱挂在嘴边的口头禅就是"感谢老板这么信赖我，以后不管发生什么事情，我都一定要跟你同进退"。看到能够拥有如此优秀的员工，我当然会感到喜不自禁。然而恰恰就是这类人，一旦真遇到什么事，往往立刻就会掉头，扬长而去。

◆一位真挚对待下属、彻底清除了所辖公司巨额债务的男人

我说一个当初与我一道创办京瓷的同事的故事。这个人性格很好，对工作也是尽心尽力。从我们创业之始起，他就与我们大家共同经历千辛万苦，一直走到今天。然而他在工作中并不是特别灵光，总是落人之后。虽然是个好人，却有些贪杯，一喝酒就会现出本性，到处捅娄子，因此也就实在没法子委以重任。

在京瓷终于发展壮大成为一家上市公司后，我考虑到也不能一直都把这位员工留在京瓷里当个主管，于是就派他到一家连年亏损的子公司去担任总经理一职。

这个人算是从创业开始就与我同甘共苦、共同缔造了京瓷今天繁荣局面的老资格员工之一，可是现在我却要把他外放到一家亏损严重的子公司去，这若是一般人肯定会不高兴，要抱怨“稻盛这个人真是太绝情无义了”。

可是这个人到了那家亏损严重的子公司后，却毫无怨言地全身心投入到工作之中。由于是一家亏损企业，因此员工的士气和心态都非常消极低沉。为了扭转这种情绪，他作为京瓷的创业成员（也是京瓷的大股东之一）卖掉了手中的股票，换

成现金，然后经常用这笔钱来请下属们吃饭喝酒。在饭桌酒席上，他会利用这种机会激励自己的员工“努力工作”。就是通过这样的方式，在不断引导教育员工的同时，他花了十二年的时间，终于清除了数十亿日元的累积损失，让这家公司获得了新生。

可是虽然取得了如此瞩目的成绩，他却丝毫没有因此而骄傲自大。当我向他表示慰劳，说道“这些年可真是辛苦你了”时，他的回答却是“不算什么，能够有机会和稻盛董事长一起共事是我的幸运，我做的这些事情都是理所应当的”。

听到这一席话，我不禁感慨万千。在修筑高高的石墙时，正是由于有像他这样虽然块头不大，但却闪烁着明亮光芒的小碎石，才使得整个城堡能够坚如磐石。

在实现企业的精干型经营的过程当中，并不能只选用精明能干的员工。在企业内部，如果全部都是能力强的成员，而缺少具有良好个性的成员，那么这个企业本身就难以为继。

所以，如果你遇到了能力虽然欠缺，但是内心却真诚地想要为公司作出贡献的员工，那么请一定要善待他们。即便他们暂时发挥不了什么作用，但是你要相信，这样的员工绝对能够在将来实现杰出的业绩，给企业的其他成员带来积极的影响。

【经营问答十六】

如何将企业的经营管理彻底落实到实处，并与企业员工之间实现有效沟通

● 问题

我现在经营的业务包括糕点饼干的生产和销售，同时还经营着餐厅和超市。由于我的公司身处二线城市，市场有限，因此我经营的各项业务规模都不大。整体上自有店铺四家，租赁店铺六家，总共十家店铺。公司决算内容方面，年销售额有三十八亿日元，平均利润一亿六千五百万日元，员工总数二百五十人。

在公司的经营管理上存在着让我比较忧虑的地方。那就是我们公司现在都是使用商业会计软件来管理各项账目，进货款的管理依赖的也是由软件公司专门开发的软件系统。当有其他需要时也多是像这样零零碎碎导入相关的软件系统来予以应对。

稻盛老师经常指出，企业的经营管理必须彻底落实到实处。我也想在自己的公司内实现这一点，因此请稻盛老师就如

何贯彻落实企业的经营管理进行指教。

此外，稻盛老师还常常提及经营者与员工的联谊聚餐会，我个人感觉这样的聚会正是稻盛老师与手下员工进行沟通交流的原点，所以围绕着企业经营者与下属员工之间交流的应有方式也希望能够得到稻盛老师的赐教。

●解答　将阿米巴经营与企业的联谊聚会结合起来

◆绝对不能指望通过一团乱麻式的公司财务来把企业做大做强

你注意到的是一个非常重要的问题。我们周围有很多企业，尽管在起步阶段还能够顺利地获得发展，但是由于在经营管理方面的缺陷，最终还是走入了绝境。

京瓷之所以能够发展成为像今天这样的大企业，关键在于两点。一个是具备了明确的经营理念，另一个就是确立了有效的经营管理体制。我们经常会听到这样一种说法，“中小企业就和疖子一样，一旦变大就会溃破”。造成这种现象的原因可以归咎于不少中小型企业在管理方法上存在着缺陷。

由于我本是技术人员出身，因此刚开始时对于财务也是一无所知，然而在经营企业的过程中，我立刻就意识到了，经营者如果不懂财务，也就不足以管理企业。企业会计可以分为财务会计和管理会计。财务会计主要担负的任务是计算企业经营的结果。然而企业的经营者仅靠财务会计无助于进行企业的经营管理活动，因此我自己创造了一套可以应用于实际经营管理中的管理会计方法，这就是阿米巴经营管理。

比如，我在赛鲁拉公司（现在的 au 公司）刚开始涉足移动电话业务时的做法就是一个很好的例子。

赛鲁拉当时所开展的业务就是到日本各地开设基站，建立移动电话的硬件配套系统。然后再与使用客户签订合同，提供移动电话的通话服务。并且，由于在当时，手机价格还非常高，因此赛鲁拉也向客户提供手机的租赁服务。要是一般公司的话，必然会对这一系列的业务进行统筹管理。

然而这种做法不足以充分把握各项业务的真实情况。因此我针对移动电话业务进行了仔细的分析，将其细分为签约、通话服务、租赁、附属品销售等四个业务部门。

签约业务是将公司与客户签订合同时所收取的定金作为营业额，然后减去公司在签约过程中产生的费用，以此作为签约利润。通过这种方式，签约业务就足以成为一个独立的业务部门。

然后从客户开始享受手机服务之日起，客户就必须每月缴纳手机服务的基本月租费、通话费、手机租赁费等各种费用。从这一部分业务决算中又可分离出话务服务与租赁这两个业务部门。

通话服务部门的营业额来自客户缴纳的基本月租费和通话费，而基站维护、设备折旧等由于为客户提供通话服务而产生的支出则被当作这个部门的费用来计算。

租赁业务部门就是把手机租赁单独作为一项业务进行核算。

剩下的还有向客户销售手机电池等各种附属配件的附属品销售业务。

我把这四项业务作为独立的业务部门进行分割，通过各自独立的核算管理一目了然地发现哪些业务能够保持盈利，哪些又处于亏损状态，并可以立即制定相应的对策。

◆彻底实现透明化的独立核算管理

以你们公司的情况来看，既有糕点的生产销售业务、餐厅业务，还有超市业务。如果要套用阿米巴经营模式的话，就需要对这些业务部门全部以独立核算的方式进行管理。并且，糕点业务部门也可以进一步细分为烘制部门和零售部门，然后再进行各自独立的管理。另外，因为你经营着不同风格的餐厅，也应该把这些餐厅作为各自独立的核算部门进行管理。如果同一家餐厅，既供应烤肉，又供应日本料理，那么就可以把这家餐厅分为两个部门，各自进行独立核算管理，员工也按照各自部门进行专职配属。通过将公司各部门作为独立核算部门进行管理，就能够彻底实现企业实际状况的透明化。

在实施阿米巴经营管理的过程中，重要的一点是，在按照部门分类计算各部门销售额的同时，也必须明确各个部门支出的费用。这样，就能够从每个部门的销售额中减去相应的费用，从而真实地把握这个部门的盈利状况。

以餐厅为例，每天确切的销售额在收银处即可获得。而在计算费用时，为了明确哪一个部门花费了哪些费用，就需要各部门递交相应的清单。费用清单要做到尽可能的详细，例如，如果是食品原材料，就可以按照肉类、鱼类、蔬菜等进行分类。其他用品，诸如调味料、餐巾、面巾纸等也应该根据需要，制定详细的费用清单。如此一来，哪一些开支在增加，哪一些费用能够进一步削减都可以做到一目了然。

在经营餐厅时，我认为食品原料的在库管理是一大难点。在进行这方面的库存管理时，不能因为一时的便宜就大量购买囤积，为了避免浪费，应该按照当前的实际需要进货。由于新鲜食品的保质期都极其有限，因此应该每天都及时地将库存原料中的过期品作为成本支出设法处理掉。

此外，店铺租金等本来按月结算的经费也可以按照天数来进行计算。至于其他光热水电等费用也同样应该以天数为单位来进行计算。如此一来，虽然只是概算，但是却足以掌握每天的盈亏状况，从而有利于实现彻底的核算管理。

通过这种方式计算出来的企业核算状况，不仅要向相关责任人，同时还要向全体员工进行公开。如果管理者能够仔细地向员工进行解释："正是由于在这项费用上出现了如此高的支出，所以我们才会陷入亏损。因此大家一定要多加注意，努力减少这方面的开支！"员工们也就自然能够主动配合，协助进行相关费用的削减。因此，企业如果要想实现像上面说的这种细致的成本管理，仅靠市面上贩卖的那些财务软件是不够的，经营者必须结合具体业务的实际情况，亲自探索和创造出与之相应的管理方法和制度。

◆联谊聚会是构筑人际关系的良机

你刚才还提到，在京瓷，联谊聚会是经营者与员工进行沟通交流的原点。这一点你说得完全正确。

当企业的经营者要对员工进行说服教育时，即使主管一脸严肃地呵斥下属道："都注意了，老板现在要开始训话！"而员工们表面看上去似乎也都在认真倾听，其实大家对于经营者的发言都只不过是左耳朵进右耳朵出而已。如果不能让对方敞开心扉、真心认同，那么不管再好的话都不过是耳旁风。我为了让手下员工能够对我真诚以待，总是在与他们一同喝酒、彼此敞开胸怀之时才开始发表自己的观点和意见。经营者与手下员工不是在凝重正式的场合，而是在酒席上，能够一边推杯换盏一边交换意见，这一点尤其重要。

还有非常重要的一点就是，作为经营者，要做到能够体谅并铭记手下员工的辛劳。要有那种“平日里都是我在不断督促大家辛劳工作，有了机会至少还是要请大家吃个饭，犒劳一下大家”的温情。

我在京瓷第一次宴请手下员工的是一碗街头摊贩的面条，而且只不过是一碗阳春面。那一次我们大家开会到深夜，刚好路过附近一个卖面条的摊贩，我就让他送来热腾腾的面条，和大家一起吃了起来。只要能够寄托着经营者的感谢之情，哪怕只是一碗面条，同样也能够赢得员工们的心。

◆在温馨的气氛中进行认真讨论的酒宴

随着京瓷规模的扩大，公司的联谊聚餐会也逐渐变得像正式的酒席一样有酒有菜。然而有了酒精的作用，这样的联谊聚会自然也就开始变得喧嚣起来，并且必定会有人醉得无法自持、借酒撒疯。这号人因为显得非常滑稽，自然会吸引大家的注意，可是我若看到了必然会严加叱责。于是有一些中途加入京瓷的中年员工，本来还以为京瓷的聚餐会就是大家在一起寻欢找乐子，因此充满了期待。可是看到这样的场面，他们不由得心生失望，评论道："京瓷的联谊聚餐会实在是无聊透顶！"

对于那些酒品恶劣的人，我会这么说："酒精也能够让人彻底堕落！让自己被酒精所控制的饮酒方式最不可救药！像你这种在酒面前不能自控的人是没有饮酒资格的！"事实上那些酒品太差的人，在京瓷立刻就会被驱逐出去。

"不是为了寻欢作乐，也不是为了借酒浇愁，我们大家坐到一块儿是为了通过小酌怡情的方式来畅谈人生与事业"。京瓷的联谊聚餐会就是这样，大伙儿越喝越能够相互之间展开认真的对话。

在京瓷的联谊聚餐会上，我一般会在开始跟大家说"请大家尽情享受这些美酒佳肴"，从而创造出温馨的氛围。然后在大家正浅酌慢饮之间，我又会提起话头，"请大家稍停一下，我突然想起一件事情要告诉大家……"于是众人必然会认真倾听我的发言。最后等我说完了要说的事情，以一句"我说完了，大家接着开始喝酒吧"收尾，于是众人又继续开始了刚才的畅谈。

在轻松愉快的同时，又能保持认真的态度，这就是我举办联谊聚餐会的风格。经营者与员工如果能够在敞开胸怀、共同畅饮的同时，脱去伪装，坦诚相待，就一定能达到心与心的交流。

终章

追求高收益经营

京瓷在成立的第一年实现了两千六百万日元的销售额，税前利润率约为销售额的10%，也就是三百万日元。我还记得当自己获知京瓷在第一年就创造了三百万日元利润时的雀跃之情。

我之所以会如此兴奋是因为，当初为了创办京瓷，我的恩人西枝一江先生拿自己的房产作抵押，从银行为我筹措到了一千万日元的运转资金。所以我一想到如果京瓷能够保持像第一年度这样的利润率，只需要三年就能够把这笔钱还清时，就非常开心。

可是这时，公司负责会计业务的员工却给我泼了一盆冷水："这三百万日元是税前利润，等缴完税后就只剩下一半金额了。并且还需要从中发放管理层的奖金和分红，最终能够剩下的大概只有一百万日元。”

这番话让我意识到：照现在这种情形，要想还清西枝先生的借款，还得需要十年的时间。虽然我有些愕然，但是心中还是立刻平静下来：“就算京瓷创造了相当于销售额10%的三百万日元的税前利润，可是在扣除纳税等支出后也就只能剩下一百万日元。但是如果在扣除各类支出后依然还能剩下三百万日元的纯利润，不就照样能在三年之内还清一千万日元的借款吗？这样想来，我要做的事情就是想尽办法实现数倍于现在的企业利润啊。”

这种思想的转变成为京瓷实现高收益经营的原点。我最初完全是为了尽早还清创业时的贷款，才决定开始追求企业的高收益经营。自那时起，由于京瓷任何时候都在为了实现高收益而不断努力，因此不论外界经济形势如何恶劣，京瓷至今为止都从未出现过赤字。回首二战之后的日本企业史，像京瓷这样的公司可以算是寥寥无几。

● 必须实现高收益的理由

京瓷是由于前面所说的原因才走上了追求高收益的道路，然而，企业必须追求高收益的根本原因又在哪里呢？这听起来或许不足为奇，但由于这对企业经营而言是非常关键的所在，因此我按照自己的理解对其进行了归类总结。

(一) 强化企业财务实力

第一个理由就是，可以强化企业的财务实力。

对于企业经营而言，资本是必不可少的要素。通常，由于高收益经营能够增加企业手头的资金，因此从积累资本的角度出发，高收益经营不可或缺。并且，如果把企业手头由于高收益而新增的资金用以债务偿还的话，就会有助于减轻企业的债务利息负担，进而有可能实现企业的零负债经营。

此外，如果能够提升企业利润，在缴纳半数的赋税后，手里还能剩下一半利润。然后去除分红等支出，把最后剩下来的资金转作内部留存，就可以充实原有资本，有利于企业经营的稳定。

当然，在筹措资金时，企业也可以选择通过向银行借贷的方式来扩大企业的发展。然而正如俗话所说“银行只会在晴天时才借给你雨伞，真要到下雨时，银行就要把雨伞收回去”一样，当经济状况和经营环境出现恶化时，银行必然会毫不犹豫地收回贷出去的资金。因此，如果过度依赖银行的话，一旦出现不测，企业在资金上面就有可能陷于困境。

为了避免这种状况，企业就必须从平时开始，通过实现高收益来充实手头资金，强化自身财务实力。

（二）未雨绸缪，实现企业经营的稳定化

在日本经济处于高速增长期时，日本企业的员工工资的上涨幅度也出现了快速增长，那是一个每年工资增长率甚至可以高达数十个百分点的时代。员工工资的增长同时就意味着企业经营成本的增加，因此这就有可能导致企业核算的大幅恶化。此外，近年来由于日元升值和通货紧缩，经济环境出现了剧烈变化。对于企业而言，任何不测事态随时都有可能发生。

但是即便如此，如果企业早已确立了高收益体制，那么就算企业收益有若干的下滑，也不会轻易陷入赤字的境地。在由于经济环境和经营状况的恶化导致企业收益和利润都出现了减少的情况下，作为高收益企业，因为早已建立了健全完善的财务体系，也就无须匆匆忙忙地实施裁员减薪等措施。总之，高收益是检验企业对于未来可能出现的成本上升、收入减少等不测事态的抵御能力的重要指针。

因此，为了确保在未来能够实现经营的稳定，保证员工的就业安全，企业必须实现高收益的经营。

（三）以丰厚的分红回报股东

企业由于高收益经营而使得利润增加，这也就意味着企业手中可支配利润的增加，因此企业也就能够增加给予企业股东

的分红。也就是说，高收益使得企业在无须担心给自身经营造成压力的前提下，可以向股东支付稳定的高额分红。

近年来，在投资人士当中流行着“只要股票价格上去就行，分不分红并不重要”这种偏重资本增益（capital gain）的倾向。然而，在道理上，创造了高收益的企业本来就应该向股东支付丰厚的分红。企业较高的分红率不仅会受到股东们的欢迎，同时也有助于吸引更多的股东向企业投资。因此，增加分红回报股东是企业必须追求高收益经营的第三个理由。

（四）为股东创造更多的资本增益

作为上市企业，通常当业绩出现增长时，这家企业的股票价格也会随之上涨。因此，企业的高收益经营能够帮助股东获得更高的资本增益。这一点是企业需要追求高收益经营的第四个理由。

此外，企业要想提高自己股票的价格，还有一个方法就是利用手头资金购入本企业的股票。企业可以通过购买在市场上流通的自身股票，然后予以注销，减少企业发行股票的总数，从而提高自身股票的实际价值。

这样，通过购买自己的股票，拉高股票价格，企业就能实现回报股东的目的。而作为企业自身，有实力进行这种操纵的前提就必须是企业已经通过高收益经营确保了足够的可支配资金。

（五）扩大企业进行业务拓展时的选择

如果企业通过高收益经营扩大了手中的资金规模，那么还可以利用这些资金来开拓新的业务。这就是第五个理由。

京瓷在1973年第一次石油危机爆发时，抓住这个契机，开始了在太阳能电池领域的开拓。由于当时市场对太阳能电池的需求还很低，在这方面的研究开发也还不足，因此在很长一段时期里，太阳能业务部门由于无法实现盈利而备受辛劳。但是如今，市场对于家庭用太阳能发电系统的需求急速上升，这个部门的核算也终于得到改善，并成为京瓷的一项重要业务。

企业要想发展，新业务的开拓必不可少，然而开拓新业务的道路并不平坦。一项事业往往刚刚开始，就会陷入连年赤字的窘境。因此作为企业本身，就必须具备能够忍受这种压力的财务实力。京瓷的太阳能事业也正是受惠于京瓷手中的充裕资金，才能够忍受长期的煎熬，最终实现事业的成功。

但是反过来，在现实中，许多企业不顾既有业务收益过低、企业财务实力不断萎缩的实际状况，仍然涉足新业务的开发，最终招致毁灭性打击的例子并不少见。作为低收益的企业，由于缺乏实力以抵御新业务拓展所伴随的风险，因此其选择余地也就自然受到了制约。

所以，扩大企业在进行新业务拓展时的可选择性，这一点也可以被视作企业必须追求高收益的第五个理由。

(六) 通过并购战略强化企业集团

第六个理由就是，只要实现了高收益经营，企业就可以通过因此而积累的资金来实施并购，将其他企业纳入自己的麾下。

对于那些财务实力较弱的企业，如果勉为其难地通过借贷收购其他企业的话，就有可能因此而背负巨大的风险。与此相反，作为那些因高收益而手中握有充沛资金的企业，由于在资金调剂方面不存在任何问题，因此就能够实施大胆的并购行动，从而获取新的业务部门和人才，让企业在新领域的发展成为可能。

以上六点都是我基于自身体会逐一列举出来的企业为什么必须实现高收益的理由。这六个理由如实地反映出了高收益对企业经营所产生的重要作用。

● 发自内心的强烈意愿是实现企业高收益的原动力

那么，随之而来的一个问题就是，企业究竟应该怎样才能够实现高收益呢？如今在市面上充斥着诸如“如何增加企业利润”之类的局限于具体方法论的各种书籍。但我认为，在讨论这些枝节性的问题之前，更应该首先明确一个根本性的问题。

那就是企业的经营者必须在内心深处拥有“无论如何也要让自己的企业实现高收益”的意愿。如果企业老板自身不能拥有让企业实现高收益的强烈愿望，并依靠坚强的意志在实际企业经营活动中予以执行的话，那么无论企业具备什么样的知识和技术，依旧难以实现利润的增长。我所说的这种意愿并非是指一般的愿望，而是一种势在必得的“发自内心的强烈意愿”。

我最初意识到这一点是在昭和四十年（公元 1965 年），我在京都聆听松下幸之助先生演讲时。

当时会场中挤满了听众，我站在会场的最后面，勉强能够听到幸之助先生的演讲。在那个演讲当中，幸之助先生谈到了“水库式经营”，意思是说企业经营应该像是在河流中修建水库，总是在水库中蓄满水一样保证自有资金的充足。在演讲结束后的听众提问时间里，有一名听众向他提问道：“虽然我也认为水库式经营的理念非常完美，但是作为那些根本就无法确保充足资金的小企业究竟又该怎么办呢？请告诉我们正确的解决方法。”

幸之助先生听完这个问题，稍作思考后回答道：“我也不知道有什么好的方法。但是你自己首先要有企业必须得保证充裕资金的想法才成。”这个回答等于什么都没有说，于是在会场听众当中发出了一阵爆笑。

然而幸之助先生的这番话却让我心头为之一震，“原来如此，企业的经营者如果真心想着要实现水库式经营的话，自然会不辞辛劳地为此努力，最终也必然会获得所希望的结果。可是假如心中连这种想法都没有的话，当然也就不可能会有任何结果。因此，首先经营者必须在心底里真心期待着实现企业资金的充裕化才行。”

幸之助先生想要传达给大家的意思是：假如我们没有强烈的愿望，那么无论做任何事情都无法取得成功。我们对那些连自己都不认为非做不可的事情是不可能全身心地投入进去的。心怀强烈愿望，祈盼如愿遂行，这才是保证我们想要做的事情能够获得成功的原动力。

以我本人为例，创业之初，我心中无时无刻不充满了强烈的愿望，想要还清为了创办京瓷而将自家房产拿去做了抵押的恩人的借款。正是出自要尽一切可能及早还清这笔钱的强烈意愿，我废寝忘食地投身于工作之中，在京瓷创建十年后，终于实现了企业的零负债经营。

之后，我又为了确保京瓷实现具有充裕资金的水库式经营，想尽办法，付出了巨大的努力。最终，在我担任京瓷总裁时期，京瓷的税前利润率保持在了20%～30%的水准。

正是受惠于这样的高收益，等到我于1984年创办第二电电时，京瓷手中的资金已经超过了一千五百亿日元。以充沛的自有资金为后盾，才使得京瓷能够毫无后顾之忧地实现创办第二电电这样的大举措。我当时之所以敢于挑战像NTT这种恐龙级的巨型企业，唯一的本钱就正在于京瓷雄厚的资金实力。

凭借强烈的意愿让企业成功实现高收益的企业并非只有京瓷一家。我在盛和塾一直都对学生们说："如果无法实现10%的税前利润率，那就算不上是真正的经营。"刚开始时，我的学生们听到这里，都是一副"这是不可能的事情"的表情。

但是在我反复不断地强调这项原则的必要性的过程中，众多学生也逐渐从心底产生了"必须要让我的公司也成为一家高收益企业"的意愿。最终，在盛和塾的学生所经营的企业当中，利润率超过10%的企业层出不穷，迄今为止，成功上市的企业已经超过了上百家。

正如这些盛和塾学生们的企业实例所证明的，企业的经营者如果能够心怀"要让我的公司也成为高收益企业"的愿望，并为了实现这个目标进行奋斗的话，那么不管在任何行业，都必定能够实现高收益经营。

延伸阅读

稻盛和夫一生都在贯彻“作为人，何谓正确？”，在这过程中，领悟出了“京瓷哲学”，而这种经营企业和度过人生的正确方式正是《思维方式》一书的核心。稻盛和夫用“京瓷哲学”这盏明灯，在自己人生的各个重要阶段都做出了正确决断。在稻盛和夫诸多判断中，备受关注的正确判断，正是拯救了破产的日航，《日航的奇迹》是转化“京瓷哲学”的完美案例。

《付出不亚于任何人的努力》

稻盛和夫不仅讲到“以身作则、身先士卒”等古今中外都有共识的领导黄金法则，更是将手法与心法相结合，指出成为领导者所需要的要诀及修炼路径：思维方式、付出不亚于任何人的努力、利他行善等。

《心与活法》

稻盛和夫历年在盛和塾的演讲实录精选，集结成十二篇深具启发性的文章，阐述“心态”“思维方式”对人生与经营的重要性。

《京瓷哲学：人生与经营的原点》

稻盛和夫说，本书是我的“想法”和“活法”的原点，汇集了我八十多年来的经营活动和人生旅程的精华。我衷心希望本书不仅对商业人士能起到帮助，还能对其他各行各业的人们，譬如教师、学生甚至家庭主妇起到“人生指南”的作用，祝愿本书能够帮助各位读者获得充实的经营成果和人生收获。

《思维方式》

思维方式决定人生方向。稻盛和夫首次精讲“成功方程式”的核心要素——思维方式。心灵与行为高度融合的指导。企业经营与心灵管理的经典指南。

《日航的奇迹》

稻盛和夫：为了重建破产的日航，我带着自己最信任的大田作为助手一同前往。本书不仅原原本本地记录了日航重建的整个过程，而且完整地阐述出了其中蕴含的经营和人生的真谛。

《利他心》

稻盛和夫在《活法》中谈道：“利他本来就是经商的原点。”在稻盛和夫看来，无私是一种强大的领导力。作为一名领导者，要想将一个企业或者组织凝聚起来，使其获得成长、发展和壮大，就必须具备不畏自我牺牲的“利他心”。

图书在版编目（CIP）数据

稻盛和夫的实学. 创造高收益 / (日) 稻盛和夫 著；喻海翔 译. — 北京 : 东方出版社，2013.5
ISBN 978-7-5060-6343-2

Ⅰ. ①稻…　Ⅱ. ①稻… ②喻…　Ⅲ. ①企业管理—经验—日本—现代　Ⅳ. ①F279.313.3

中国版本图书馆CIP数据核字（2013）第108059号

稻盛和夫的实学：创造高收益
（DAOSHENGHEFU DE SHIXUE:CHUANGZAO GAO SHOUYI）

作　　者：［日］稻盛和夫
译　　者：喻海翔
责任编辑：贺　方
出　　版：东方出版社
发　　行：人民东方出版传媒有限公司
地　　址：北京市东城区朝阳门内大街166号
邮　　编：100010
印　　刷：北京文昌阁彩色印刷有限责任公司
版　　次：2013年6月第1版
印　　次：2025年8月第17次印刷
印　　数：64501—67500册
开　　本：880毫米×1230毫米　1/32
印　　张：6.75
字　　数：122千字
书　　号：ISBN 978-7-5060-6343-2
定　　价：32.00元
发行电话：（010）85924663　85924644　85924641